Pastelería. INAF0002

Antonio Caro Sánchez-Lafuente

ic editorial

Pastelería. INAF0002
© Antonio Caro Sánchez-Lafuente

1ª Edición

© IC Editorial, 2025

Editado por: IC Editorial
c/ Cueva de Viera, 2, Local 3
Centro Negocios CADI
29200 Antequera (Málaga)
Teléfono: 952 70 60 04
Fax: 952 84 55 03
Correo electrónico: iceditorial@iceditorial.com
Internet: www.iceditorial.com

ISBN: 978-84-1184-574-8
Depósito Legal: MA 144-2025

Impresión: PODiPrint
Impreso en Andalucía – España

Nota de la editorial: IC Editorial pertenece a Innovación y Cualificación S. L.

Especialidad formativa

Se entiende por especialidad formativa la agrupación de contenidos, competencias profesionales y especificaciones técnicas que responde a un conjunto de actividades de trabajo enmarcadas en una fase del proceso de producción y con funciones afines.

Las especialidades formativas de Uso General, Formación Complementaria, Formación Modular y las especialidades formativas dirigidas a la obtención de certificados de profesionalidad se incluyen en el Fichero de Especialidades del Servicio Público de Empleo Estatal para su gestión en todo el territorio nacional por cualquier Administración competente.

Las especialidades complementarias, pertenecen todas a la Familia profesional de Formación Complementaria (FCO) y tienen la consideración de formación transversal en áreas que se consideran prioritarias tanto en el marco de la Estrategia Europea para el Empleo y del Sistema Nacional de Empleo como en las directrices establecidas por la Unión Europea. Se consideran áreas prioritarias las relativas a tecnologías de la información y la comunicación, la prevención de riesgos laborales, la sensibilización en medio ambiente, la promoción de la igualdad, la orientación profesional y aquellas otras que se establezcan por la Administración competente.

Las especialidades de Certificado de profesionalidad tienen una duración especificada en su normativa reguladora.

En el resultado de la búsqueda, se muestran las unidades de competencia, todos los módulos formativos con su duración y las unidades formativas del certificado correspondiente, con su duración. Las horas del certificado, exclusivo de las especialidades de certificado de profesionalidad, con alta igual o superior a 2008, son las horas totales más las horas del módulo de Prácticas Profesionales no Laborales.

➲ **Si la especialidad tiene unidades formativas,** las horas totales, presencial, distancia, teleformación serán igual a la suma de esas horas de las unidades formativas de los distintos módulos, sin que se repita ninguna Unidad formativa.

➲ **Si la especialidad no tiene unidades formativas,** las horas totales, presencial, distancia, teleformación serán igual a las sumas de esas horas de los módulos formativos, eliminando las horas de los módulos repetidos.

https://sede.sepe.gob.es/especialidadesformativas/RXBuscadorEFRED/BusquedaEspecialidades.do

(Fuente: Servicio Público de Empleo Estatal)

Índice

Unidad de aprendizaje 3
Gestión de la seguridad, higiene y protección ambiental

OBJETIVOS GENERALES

Los objetivos generales del **INAF0002. Pastelería,** son los siguientes:

- ⮑ Adquirir los conocimientos básicos para la realización de elaboraciones de pastelería, utilizando correctamente los procedimientos, técnicas y métodos adecuados.
- ⮑ Explicar los procesos asociados a la producción de elaboraciones básicas para pastelería.
- ⮑ Definir ofertas sencillas de repostería, teniendo presente el correcto aprovisionamiento y control de consumos.
- ⮑ Actuar bajo normas de seguridad, higiene y protección ambiental.

Elaboración de recetas básicas en pastelería

Contenido

Objetivos

El objetivo general de esta unidad de aprendizaje es:

→ Explicar los procesos asociados a la producción de elaboraciones básicas para pastelería.

Los objetivos específicos de esta unidad de aprendizaje son:

→ Definir terminología aplicada a la pastelería.

→ Enumerar los puntos de cocción del azúcar.

→ Describir las operaciones y técnicas básicas en pastelería-repostería.

→ Identificar las elaboraciones de productos de pastelería-repostería.

→ Detallar el volteado de la masa de hojaldre.

→ Conocer el fundamento de elaboración propio de las masas escaldadas.

→ Especificar el proceso de elaboración de cremas, rellenos salados, cubiertas y preparados a base de frutas.

→ Determinar los pasos requeridos para la preparación de las coberturas de chocolate.

→ Aplicar técnicas de frío, regeneración y conservación de los productos de pastelería-repostería.

1. Introducción

Un mismo producto o ingrediente sometido a distintas técnicas de preelaboración y elaboración facilita productos con características propias, lo que permite en el ámbito de la pastelería diferenciar entre: masas hojaldradas, masas batidas, masas esponjadas, masas escaldadas y masas azucaradas, productos semifríos, cremas con base de huevo y cremas batidas, rellenos salados, obtención de cubiertas y preparados a base de frutas y de chocolate.

Garantizar la conservación de cada uno de estos productos es fundamental, siendo la aplicación de frío una de las técnicas esenciales que, junto con las técnicas o procesos asociados a la regeneración, facilitan la gestión, tanto en géneros crudos como semielaborados y elaborados.

Poner en práctica las técnicas y, en consecuencia, llevar a cabo los procesos de elaboración requeridos es fundamental, partiendo en todo momento del uso de fórmulas específicas, por ello, y para dar una mayor practicidad al estudio de estos conceptos se expondrán los casos o ejemplos a los que se enfrenta Raquel, jefa de obrador en la pastelería Francia.

2. Procesos de aprovisionamiento interno y de regeneración de materias primas, preelaboraciones y elaboraciones básicas de múltiples aplicaciones para la elaboración de productos de pastelería

☞ HILO CONDUCTOR

Para hacer frente a la demanda esperada en la pastelería Francia, Raquel, además de solicitar al Departamento de Economato algunos insumos como harinas, huevos o azúcares, está regenerando algunas de las masas de que dispone en sus instalaciones. Con ello pretende agilizar la elaboración de algunos de los productos que hoy mismo debe sacar a la venta, como son las milhojas de crema y fruta, las tartas con base de bizcocho genovés y los semifríos de praliné.

El oficio de pastelero se caracteriza por mostrar orden y disciplina, además de respeto por los procedimientos, fórmulas, tiempos y temperaturas, siendo vital para conseguir elaboraciones seguras y de calidad. Hay que tener presente que las características de los ingredientes, así como los tratamientos térmicos a los que se son sometidos, quedan comprometidos en muchos casos, lo que hace que se requiera no solo del uso de instalaciones seguras y adaptadas al desarrollo de la actividad, sino que la figura del profesional y la calidad de los insumos serán elementos que considerar.

Hay que tener en cuenta que toda elaboración posee una anterior preelaboración y puesta a punto de los elementos que utilizar. De igual manera, toda preelaboración conlleva seguir una serie de operaciones necesarias para poder realizarla. Estas operaciones y técnicas son sencillas y fáciles de ejecutar, pero conllevan una gran responsabilidad ya que, en caso de no efectuarlas de manera correcta, pueden frustrar la preelaboración y la posterior elaboración de los productos.

Por lo tanto, se deberá realizar una *mise en place* y una correcta organización del trabajo, además de aplicar las técnicas adecuadas para conseguir el resultado perseguido.

2.1. *Mise en place* o puesta a punto. Terminología básica

La *mise en place* o puesta a punto es la organización y preparación previa de los utensilios, maquinaria e ingredientes que se van a utilizar en el desarrollo de las actividades programadas, a fin de conseguir que el trabajo se realice de forma rápida y adecuada. Dicha organización recae sobre el jefe de pastelería o jefe de obrador, siendo el encargado de la coordinación del personal, así como de encomendar las tareas que realizar, facilitar la gestión de aprovisionamiento y tener el control de los procesos llevados a cabo.

Cada tipo de elaboración presenta unas necesidades propias de *mise en place*, es decir, unas necesidades de aprovisionamiento y regeneración específicas, que hacen necesario el dominio de los términos o terminología propia del sector.

Siendo imprescindible conocer dicha terminología, a continuación se presenta una batería de términos considerados como imprescindibles en torno a los procesos de preelaboración:

- **Ablandar:** trabajar un producto hasta adquirir una consistencia blanda. Aplicado en grasas u otros productos, elaboraciones a mano o con rodillo, dándoles una consistencia menos firme o de pomada.
- **Abrillantar:** aportar brillo a una elaboración mediante el uso de mermeladas, gelatinas o huevo.
- **Acaramelar:** cubrir de forma total o parcial un producto o elaboración con caramelo.
- **Acanalar:** realizar pequeñas incisiones en la superficie de frutas.
- **Aceitar:** aplicar una fina película de grasa sobre una superficie evitando que esta se adhiera sobre el producto contenido.
- **Agitar:** mover una crema o salsa con espátula o batidor para hacerla homogénea.
- **Aligerar:** adicionar algún elemento líquido a una elaboración para volverla más fluida.
- **Amalgamar:** trabajar ingredientes para obtener una única masa.
- **Amasar:** mezclar a mano o máquina diferentes ingredientes para obtener una masa homogénea.
- **Aromatizar:** incluir sustancias aromáticas en otros productos.
- **Atemperar:** proceso por el que se le da firmeza y brillo a un chocolate, obteniendo mayor brillo y firmeza.
- **Aumentar:** proceso asociado a productos leudados por el que se obtiene mayor volumen. Se esponja.
- **Bañar:** cubrir la superficie de un pastel o tarta con cualquier elaboración que permanezca sobre ella o no.
- **Batir:** mover enérgicamente unos ingredientes en estado líquido para que pasen a estado sólido o esponjoso.
- **Blanquear:** batir enérgicamente las yemas y el azúcar en baño maría hasta que la mezcla adquiera consistencia cremosa y blanquecina. También utilizado para describir la acción consistente en sumergir durante unos instantes un elemento para eliminar impurezas, mal sabor o color.
- **Bolear:** trabajar piezas de masa leudada a fin de eliminar bolsas de aire irregulares, así como facilitar una forma redonda y lisa.
- **Calar:** proceso por el que se baña una preparación con almíbar, bien por inmersión o con la ayuda de una brocha o muñequilla.
- **Castigar:** añadir a un almíbar con punto un producto ácido a fin de evitar que se empalice.
- **Cocer:** transformar un producto por la acción del calor, incidiendo sobre su aroma, gusto o propiedades.
- **Colar:** pasar un producto o elaboración a través de un chino o cedazo a fin de retirarle posibles grumos o impurezas.
- **Confitar:** cocer en un almíbar.
- **Dentar:** recortar en forma de dientes redondeados el contorno de una elaboración, generalmente de pasta brisa u hojaldre.
- **Desecar:** deshidratar una sustancia o preparación al fuego por evaporación.

- **Deshuesar:** retirar los huesos de frutas.
- **Desmoldar:** retirar el molde de una preparación.
- **Dorar:** imprimir mediante un pequeño golpe de horno un bonito color dorado a una elaboración.
- **Emborrachar:** bañar o calar una elaboración con almíbar aromatizado o con algún licor.
- **Emulsionar:** proceso consistente en batir huevos, yemas u otros ingredientes, bien solos o mezclados, a fin de incorporarles aire.
- **Encamisar:** cubrir las paredes interiores de un molde con algún género, pudiendo ser bizcocho pasta..., permitiendo ser rellenado en su parte central.
- **Enriquecer:** añadir esencias o concentrados a una elaboración para acentuar su sabor.
- **Enfondar:** cubrir un molde con una masa.
- **Engrasar:** untar con grasa el interior de un recipiente o molde.
- **Escudillar:** verter una preparación cremosa o una masa en moldes o recipientes, utilizando manga pastelera.
- **Estirar:** extender una masa sobre una superficie con ayuda de un rodillo.
- **Estufar:** fermentar una masa con levadura en una estufa previa a su proceso de cocción.
- **Fermentar:** proceso por el que las masas leudadas aumentan su volumen adquiriendo esponjosidad.
- **Flambear:** proceso por el que se añade un licor que posteriormente se hace arder.
- **Freír:** cocinar un producto en un baño de grasa caliente obteniéndose una costra dorada.
- **Garrapiñar:** bañar un producto en almíbar generando pequeños grumos.
- **Glasear:** espolvorear con azúcar glas una preparación. También se usa para indicar que una preparación se ha cubierto con *fondant* o glas.
- **Gratinar:** tostar la superficie de un género en un horno fuerte, salamandra o gratinador.
- **Heñir:** trabajar una masa adicionada con levadura con las manos realizando la técnica de bolear.
- **Hervir:** cocinar un género por inmersión en un líquido en ebullición o llevar a ebullición un líquido por la acción del calor.
- **Hidratar:** devolver al estado natural de humedad los tejidos de un producto.
- **Infusionar:** transmitir a un líquido los aromas de los productos que se le adicionan.
- **Lustrar:** espolvorear con azúcar glas una preparación de pastelería.
- **Napar:** cubrir una elaboración con salsa, crema o líquido suficientemente espeso para que quede sobre ella.
- **Pasteurizar:** calentar un producto durante unos segundos a 70 ºC a fin de eliminar los gérmenes que posee.
- **Racionar:** dividir un producto en porciones para su distribución.

- **Rebajar:** añadir un elemento líquido a un preparado para hacerlo más líquido.
- **Reducir:** disminuir el volumen de una preparación líquida por medio de la evaporación.
- **Satinar:** proceso por el que se consigue que un caramelo obtenga un brillo blanquecino.
- **Tamizar:** pasar por un colador o tamiz un producto, con objeto de eliminar cualquier grumo y retirar impurezas o residuos.
- **Trabajar:** remover o amasar un producto hasta que se consiga una mezcla homogénea.
- **Trinchar:** cortar un género de forma limpia, sin desgarros.

Terminología asociada a los puntos de cocción del azúcar

Los puntos de cocción del azúcar son otros de los parámetros que controlar como parte de las necesidades de preelaboración en pastelería, dado que formarán parte de los procesos de preelaboración asociados a la realización de cremas, merengues, etc. Especificándose que cada elaboración o producto para el que se vaya a utilizar requiere de un punto específico.

Tradicionalmente, el control de dicho punto se asociaba con la densidad que el almíbar iba adquiriendo, siendo comprobado con los dedos índice y pulgar, lo que permitía observar si el azúcar formaba una hebra fina, una bola o si simplemente su densidad era demasiado líquida para ser utilizado. En la actualidad, pese a que la nomenclatura de cada uno de los puntos con los que el almíbar es trabajado hace referencia a los puntos observados de forma tradicional, se tiene asignado a cada uno de dichos puntos una temperatura específica, siendo los siguientes:

Denominación del punto de cocción del almíbar	Temperatura requerida
Almíbar	Entre 85 y 90 °C
Espejuelo	Entre 100 y 105 °C
Hebra floja	Entre 105 y 108 °C
Hebra fuerte	Entre 110 y 114 °C
Bola floja	Entre 114 y 118 °C
Bola fuerte	Entre 122 y 126 °C

Continúa en página siguiente >>

<< Viene de página anterior

Denominación del punto de cocción del almíbar	Temperatura requerida
Caramelo blando	140 °C
Caramelo fuerte	Entre 146 y 150 °C
Caramelo rubio	160 °C

 ACTIVIDAD COMPLEMENTARIA

1. Busca información sobre las responsabilidades y tareas asociadas a cada uno de los cargos más significativos en torno a la plantilla de pastelería, como son el pastelero u oficial pastelero y el ayudante de pastelería.

3. Operaciones y técnicas básicas en pastelería - repostería

 HILO CONDUCTOR

Raquel cuenta con Alejando, un ayudante de pastelería que, además de encargarse de llevar a cabo la limpieza y orden de la *plonge*, se encarga de la retirada y orden de los ingredientes del economato, realiza el pesado de ingredientes, y también ayuda en procesos como el tamizado de las harinas o el amasado de masas leudadas.

Obtener elaboraciones de pastelería-repostería conlleva la implantación de técnicas que aun presentando simplicidad, tienen gran importancia, ya que cualquier irregularidad o falta de calidad, se reflejará en el producto final.

En la descripción de la terminología del proceso de preelaboración, se han definido algunas de estas técnicas básicas, como por ejemplo: batir, amasar o tamizar. No obstante, las necesidades propias de los productos o elaboraciones que obtener, hace que dichas técnicas adquieran una metodología específica por lo que, a continuación, se detallarán aquellas consideradas como fundamentales.

Tamizar

El tamizado de harina permite eliminar impurezas del producto. A su vez, permite el aireado del producto, lo que facilita su posterior integración en el proceso de amasado. El proceso requiere del uso de un tamiz, pudiéndose hacer el proceso de forma directa sobre la masa a la que se incorpora.

Proceso de tamizado de harina

Pomar y clarificar mantequilla

La mantequilla es una de las grasas de uso característico en la pastelería. Dado que su conservación requiere de refrigeración, su utilización implica una regeneración. Dicha regeneración se diferencia entre dos técnicas, siendo:

➲ **Pomado:** de forma natural, el proceso consiste en dejar la mantequilla a temperatura ambiente (24/25 °C) durante el tiempo necesario hasta obtener una textura y aspecto de crema o pomada. De requerir acelerar el proceso, es común su masajeado con las manos o medios mecánicos transfiriéndole calor.
➲ **Clarificado:** la necesidad de separar el suero y grasa hace necesario el empleo de dicha técnica. Consiste en poner la mantequilla al baño maría, con temperatura constante, sin mover, lo que propiciará el proceso.

Mantequilla clarificada

Batir

Proceso por el que se persigue introducir aire a un producto. La intensidad y tiempo de batido permite obtener características propias, diferenciando entre masas batidas, semiemulsionadas y emulsionadas. Las primeras son el resultado de un batido de baja intensidad en el que se pretende dar textura al producto, así como unir dos productos que son miscibles entre sí. En cuanto a los procesos de semiemulsión y emulsión, la incorporación de aire dará textura al producto, aportándole ligereza al conjunto, así como una textura que variará de semifirme a firme.

Nata semimontada

Mezclar

Se trata del proceso por el que se unen dos o más productos. La mezcla puede ser:

- **Homogénea,** cuando los elementos están interrelacionados entre sí y no se distinguen unos de otros.
- **Heterogénea,** cuando los componentes de la mezcla pueden distinguirse a simple vista.

Ejemplo de mezcla homogénea

Amasar

Proceso por el que se mezclan distintos productos a fin de obtener una única masa homogénea. La consistencia de la mezcla será determinada en base a las características de los productos, así como de su formulación. No obstante, el término hace referencia de forma general a productos con consistencia que permita su manejo o manipulación. Entre los elementos que suelen ser incorporados mediante este tipo de técnica están las levaduras o fermentos.

Proceso de amasado manual

Bolear

Técnica que persigue homogenizar las bolsas de aire de las masas fermentadas, aportando a su vez finura a la masa, así como una forma redondeada característica, que facilitará los procesos de fermentación y/o armado posterior.

Ejemplo de piezas de masa leudadas boleadas

Atemperar

Referido al chocolate se trata del trabajo al que se somete una cobertura a fin de obtener una textura y brillo característicos, así como facilitar su posterior uso, facilitando el desmoldado en moldes, limpieza en cortes, etc.

El proceso de atemperado diferencia tres fases o intervalos en los que se persigue subir y bajar la temperatura. La temperatura en cada una de las fases será dependiente del tipo de chocolate, siendo datos de referencia los siguientes:

Fases	Chocolate negro	Chocolate con leche	Chocolate blanco
Fase 1	50 - 55 ºC	45 - 50 ºC	45 - 50 ºC
Fase 2	28 - 29 ºC	27 - 28 ºC	26 - 27 ºC
Fase 3	31 - 32 ºC	29 - 30 ºC	28 - 29 ºC

Proceso de atemperado de chocolate

Greñar

Proceso por el que se hacen incisiones en las masas leudadas permitiendo un mayor desarrollo durante su horneado. El greñado, a su vez, forma parte de los elementos decorativos del producto al que se aplica.

Proceso de greñado de masas leudadas

Voltear

Referido a la elaboración de masas hojaldradas, consiste en incorporar la grasa (empaste) al amasijo (masa de harina, agua...) formando el pastón o masa de hojaldre. Para ello se requiere del laminado y doblado obteniéndose las múltiples capas asociadas a este tipo de masa.

Masa de hojaldre

4. Elaboraciones de productos de masas hojaldradas y batidas o esponjadas

☞ HILO CONDUCTOR

Para la elaboración de la milhojas de crema, Raquel necesita hacer el hojaldre, por lo que le pide a Alejando que realice el pesado de los ingredientes para el empaste y el amasijo. Al mismo tiempo, le pide a Alejandro que tamice harina floja para la realización de algunas planchas de bizcocho.

Productos como las harinas, el agua, o el huevo, están presentes en muchas de las elaboraciones de pastelería; no obstante, la formulación y técnicas asociadas a su elaboración hacen posible diferenciar productos con características singulares. Siendo un ejemplo las masas hojaldradas y batidas o esponjadas, a continuación, se lleva a cabo la descripción de los fundamentos de cada una de estas masas o bases.

Hay que tener en cuenta que, partiendo de unos mismos ingredientes, la formulación y procesos de elaboración empleados permiten obtener productos diferentes.

4.1. Masas hojaldradas

La obtención del hojaldre consiste en intercalar capas de materia grasa (empaste) con otra de harina (amasijo) a través de una serie de pliegues, realizando la técnica del volteado que, junto con la aplicación del calor de la cocción, dará lugar a la formación de capas, dado que el calor hará que se evapore parte del agua del amasijo que, a su vez, ejercerá presión sobre el empaste creando las láminas.

Volteado de la masa de hojaldre

El volteado de la masa de hojaldre es la técnica más importante del proceso de elaboración de este producto, permitiendo la obtención de las capas o láminas durante la cocción.

Teniendo en cuenta este número de capas, se realizarán las distintas presentaciones con el hojaldre, combinando las diferentes vueltas hasta conseguir que las hojas formen las capas citadas. Para conseguir dicha proporción se pueden establecer varias combinaciones como son:

Combinaciones	Volteado de la masa hojaldrada
1.ª combinación	1 media vuelta, 1 vuelta sencilla, 1 vuelta doble y 1 vuelta múltiple.
2.ª combinación	2 vueltas sencillas, 2 vueltas dobles y 1 media vuelta.

Continúa en página siguiente >>

<< *Viene de página anterior*

Combinaciones	Volteado de la masa hojaldrada
3.ª combinación	1 vuelta sencilla y 3 vueltas dobles.
4.ª combinación	3 vueltas sencillas y 2 vueltas dobles.
5.ª combinación	5 vueltas dobles.

Representación gráfica de los distintos tipos de volteado ideados para el proceso de elaboración de hojaldres

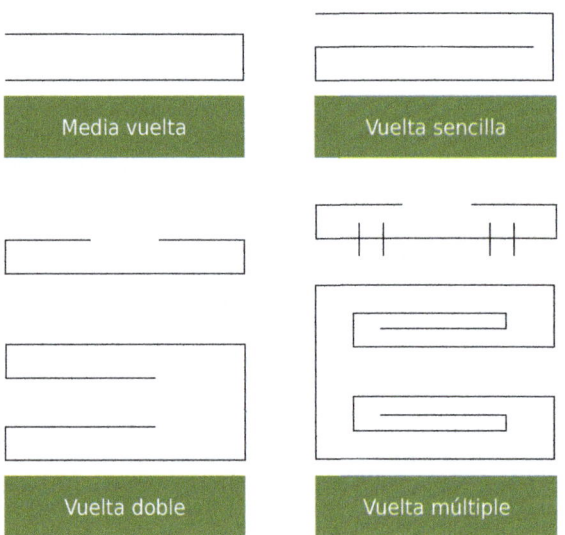

Media vuelta

Vuelta sencilla

Vuelta doble

Vuelta múltiple

Tipos de masas hojaldradas

La fórmula y técnica ideada para llevar a cabo el pastón o masa de hojaldre permite diferenciar distintas calidades, que serán idóneas en base a las necesidades y preparación que obtener. Estos tipos de pastón son los siguientes:

⮑ **Pastón común u hojaldre común:** se caracteriza por el empleo de dos masas de naturaleza distinta como son la elaborada a partir de harina, agua y sal (amasijo) y la materia grasa (empaste) que, normalmente y según los costos y calidades perseguidas, puede ir desde la utilización de manteca de cerdo a margarina o mantequilla, siendo recomendable el uso de esta última debido a la calidad que adquiere la preparación.

Aunque estas notas mencionadas son comunes a todos los tipos de hojaldre, la característica fundamental del hojaldre común viene dada por la forma de integrar ambas masas (armado) formando el denominado "pastón", siendo en este caso el amasijo el que envuelve al empaste, realizando a continuación el proceso de laminado.

- **Pastón invertido u hojaldre invertido:** al contrario que con el hojaldre común, su principal diferencia forma parte del proceso de laminado, pues en este caso la grasa, adicionada de harina (empaste), será la responsable de cubrir el amasijo, formado por la harina, el agua y la sal.

  Este tipo de hojaldre está en desuso, pues su proceso de elaboración es mucho más largo y delicado; necesita tiempos de reposo en cámara más continuados, para obtener resultados similares a los obtenidos con el hojaldre normal.

- **Pastón rápido u hojaldre rápido:** este tipo de hojaldre es el que presenta menos calidad, y su elaboración se reserva para la realización de pequeñas piezas, que no necesitarán un gran desarrollo, pues tiene un 40 % menos de este.

  El hojaldre rápido como tal se emplea en ocasiones críticas, donde el tiempo de elaboración es corto y se necesitan resultados inmediatos.

  Este tipo de hojaldre difiere de los anteriores en el tipo de amasado que tiene, pues en cuanto a su laminado es el mismo, acortando el tiempo de reposo entre vueltas.

- **Pastón mitad/mitad u hojaldre mitad/mitad:** se caracteriza por utilizar en su formulación la mitad de proporción de mantequilla con respecto a harina. Es un hojaldre más económico que los anteriores, pero de textura más seca tras su horneado. Al igual que el resto de los hojaldres, exceptuando el hojaldre rápido, parte de la elaboración de dos masas; por un lado, el amasijo y por el otro, el empaste, que se unirán formando el pastón, y posteriormente pasará al proceso de laminado.

Continúa en página siguiente >>

<< Viene de página anterior

Proceso de unión del amasijo y empaste formando el pastón

 **RECUERDA**

El amasijo es la masa elaborada con harina, agua y sal; el empaste es la masa fundamentalmente compuesta de grasa (mantequilla, manteca o margarina); y el pastón es la masa resultante de la unión del empaste y el amasijo.

Fórmulas para la obtención del pastón de hojaldre

Cada uno de los tipos de masas de hojaldre (pastón) diferencia fórmulas y procedimientos propios, siendo ejemplos los reflejados para cada uno de ellos a continuación.

 **RECETA**

Pastón común u hojaldre común
Un ejemplo de fórmula indicada para la obtención de hojaldre común es la siguiente:

- **Ingredientes:** 750 g de harina de fuerza, 250 g de harina floja, 415 g de agua, 20 g de sal y 900 g de mantequilla.
- **Elaboración:**

  · Tamizar la harina.
  · Realizar un volcán sobre la mesa e incorporar la sal. Agregar parte de agua dentro del volcán y empezar a amasar, removiendo con los dedos.

Continúa en página siguiente >>

<< *Viene de página anterior*

- Añadir más agua a medida que lo necesite, hasta obtener una masa dúctil y lo más lisa posible.
- Dejar reposar tapada con un paño y a una temperatura controlada (refrigeración), y comenzar a amasar la mantequilla.
- Una vez preparada la mantequilla (empaste), hacer una incisión en forma de cruz en el amasijo, dejando un pequeño montículo en el centro. Estirando la masa en forma de cruz, poner la mantequilla sobre el montículo y volver a plegar la masa tapando completamente el empaste. A continuación, dar pequeños golpes con el rodillo hasta conseguir una masa más plana que, tras un primer reposo, pasará al proceso de laminado.

 RECETA

Pastón invertido u hojaldre invertido

Un ejemplo de fórmula indicada para la obtención de hojaldre invertido es la siguiente:

- **Ingredientes:**

  - **Para amasijo:** 875 g de harina fuerte, 35 g sal, 40 g de mantequilla y 375 g de agua.
  - **Para empaste:** 1.075 g de mantequilla y 375 g de harina fuerte.

- **Elaboración:**

  - En primer lugar, realizar el amasijo con la harina fuerte, sal, mantequilla y agua, bien a mano (mediante el proceso realizado con el hojaldre común) o bien con una amasadora, introduciendo todos los ingredientes del amasijo en ella y amasando hasta obtener una masa uniforme. Una vez amasado, dar forma de cubo y reservar a temperatura controlada en cámara frigorífica.
  - Elaborado el amasijo, se procederá a realizar la masa grasa (empaste) mediante el amasado de la mantequilla y la harina, consiguiendo una masa uniforme que se extenderá en forma de rectángulo con el fin de albergar al amasijo.
  - Una vez que ambas masas están unidas (armadas), se dejará un primer reposo en cámara para que la masa grasa o empaste obtenga el cuerpo necesario para permitir el amasado.

Continúa en página siguiente >>

<< *Viene de página anterior*

- Para el amasado, se procederá al igual que con el resto de masas hojaldradas, teniendo en cuenta que la capa grasa siempre aparecerá en las vueltas en la superficie con lo que el reposo en cámara deberá ser mayor.

RECETA

Pastón rápido u hojaldre rápido

Un ejemplo de fórmula indicada para la obtención de hojaldre rápido es la siguiente:

- **Ingredientes:** 1 kg de harina de fuerza, 850 g de mantequilla, 500 g de agua y 20 g de sal.
- **Elaboración:**

  - Se dispondrán todos los ingredientes bien en amasadora o en un bol que permita su amasado.
  - Se procederá a amasar los ingredientes hasta obtener un pastón homogéneo, sacando de la amasadora y dando forma de bola, que pasará bien tapada a cámara frigorífica, para su posterior laminado.

RECETA

Pastón mitad/mitad u hojaldre mitad/mitad

Un ejemplo de fórmula indicada para la obtención de hojaldre mitad/mitad es la siguiente:

- **Ingredientes:**

  - **Para el amasijo:** 800 g de harina fuerte, 400 g de agua y 20 g de sal.
  - **Para el empaste:** 600 g de mantequilla y 400 g de harina fuerte.

Continúa en página siguiente >>

<< Viene de página anterior

- **Elaboración:**

  · La elaboración de este tipo de hojaldre es similar a la elaboración del hojaldre común, con la diferencia de que los ingredientes del empaste también deben ser amasados, formando a continuación un bloque que se introducirá tras el reposo en el amasijo, estando este estirado en forma de cruz.
  · Una vez formado el pastón, se dejará reposar en cámara frigorífica, listo para su posterior laminado, que, según la técnica de vueltas usada, necesitará más o menos tiempo de elaboración.

 ACTIVIDAD COMPLEMENTARIA

2. Busca información sobre elaboraciones de pastelería-repostería que tengan como base el uso de masas hojaldradas.

4.2. Masas batidas o esponjadas

Se denominan masas batidas a aquellas compuestas básicamente por harina, azúcar y huevos que, por la emulsión que sufren estos durante su batido, presentan un aspecto final esponjoso y emulsionado. En este tipo de preparación el elemento fundamental es el huevo, ya que será el encargado de dotar a la masa de su textura característica.

Proceso de elaboración

El proceso y tipo de cocción, la formula y el recipiente empleado para su cocción, determinan el nombre dado al bizcocho. No obstante, la forma de elaboración general de las masas batidas, independientemente de si llevan adición de otros productos o el tipo de cocción necesaria; indica como necesarios los siguientes pasos:

1. **Formular:** el primer paso requiere de la formulación y pesado de ingredientes, debiendo ajustar las proporciones de ingredientes en

base a las necesidades de elaboración. Se trata de un proceso fundamental, ya que un error no permitiría obtener un producto óptimo.

2. **Unificar y emulsionar:** de entre los ingredientes formulados, se comenzará unificando el huevo con el azúcar, llevando a cabo el blanqueado de estos productos al baño maría, para a continuación, adicionar el resto de ingredientes, como pueden ser la harina o el cacao, haciendo uso para ello de una espátula y un tamiz.

Obtenida una masa homogénea y aireada, se procederá a escudillar la masa sobre un molde o lata debidamente encamisado.

3. **Cocer:** el proceso de cocción se llevará a cabo en el horno, debiendo respetar los tiempos y técnicas en base al tipo de bizcocho. En el horno, el bizcocho terminará de esponjar por la acción del calor, que hace que el aire retenido tienda a salirse y aumente de volumen. Al subir coge consistencia y mantiene la estructura gracias a la coagulación del huevo con la harina y a la gelificación por el calor.

NOTA

La formulación empleada en el proceso de elaboración de los bizcochos permite diferenciar entre:

- Bizcochos ligeros
- Bizcochos superligeros
- Bizcochos pesados

En cuanto al tipo de cocción empleado, es posible diferenciar entre:

- Bizcochos al vapor
- Bizcochos en horno seco

APLICACIÓN PRÁCTICA

Raquel está realizando una masa para bizcocho para afrontar algunos de los pedidos solicitados por la clientela de la pastelería Francia. Los pasos son los siguientes:

Continúa en página siguiente >>

<< Viene de página anterior

- **Unificar huevo y azúcar para proceso de blanqueado.**
- **Escudillar.**
- **Formulado y pesado de ingredientes.**
- **Añadir ingredientes como harinas, cacao.**

Indica cuál es el orden correcto que imponer.

Solución

1. Formulado y pesado de ingredientes.
2. Unificar huevo y azúcar para proceso de blanqueado.
3. Añadir ingredientes como harinas, cacao.
4. Escudillar.

El proceso de elaboración comenzará con el formulado y pesado de los ingredientes, adaptándonos a las necesidades propias de elaboración. A continuación, se blanqueará el huevo junto con el azúcar. Sobre este preparado, se incluirá de forma envolvente y tras el tamizado los elementos como harinas, cacao, etc. Finalmente, se escudillará sobre bandeja o chapa para cocción.

 ACTIVIDAD COMPLEMENTARIA

3. Lleva a cabo una búsqueda de los distintos nombres propios representativos de algunas de las elaboraciones encuadradas bajo la denominación de masas batidas. Un ejemplo es el bizcocho Gioconda, caracterizado por el empleo de harina de almendras entre sus ingredientes.

---

5. Elaboraciones de productos de masas escaldadas y de masas azucaradas o pastas

☞ HILO CONDUCTOR

Para cubrir un evento especial, Raquel ha decidido llevar a cabo una de las elaboraciones de pastelería con mayor prestigio. Se trata de la elaboración conocida como *croquembouche*. Alejando pregunta sobre las características de esta elaboración, a lo que Raquel le indica que se trata de un postre con forma de cono en el que se entrelazan pequeños bocados realizados a partir de una masa escaldada.

En el ámbito de la pastelería-repostería, además de las elaboraciones con base de masas laminadas y masas batidas o esponjadas, es posible diferenciar las denominadas como masas escaldadas y masas azucaradas. Dichas masas, pese a que comparten ingredientes con las ya descritas, muestran características propias por sus procesos de elaboración.

A continuación, se describen cada una de las peculiaridades de este grupo de masas, donde procesos como el escaldado son imprescindibles.

Los profiteroles son un ejemplo de elaboración con base de masa escaldada.

5.1. Masas escaldadas

Bajo la denominación de masas escaldadas se presenta un grupo de elaboraciones que pese a requerir en su ejecución dos tipos de cocción, la aplicación del escaldado hace que sea singular. Así, esta masa desarrolla dos tipos de cocción; por un lado, un **escaldado,** donde se elimina el exceso de agua y, por otro, un **horneado** que da lugar a una masa seca y hueca, que suele ser rellenada, tanto con ingredientes dulces como salados, que puede servirse como postre, formar parte de tartas, o incluso, como elemento de guarnición en sopas y cremas.

Crema guarnecida con profiteroles

Fundamento del desarrollo de las masas escaldadas

Las masas escaldadas son preparados en cuya elaboración la harina es sometida a un escaldado con agua y grasa y, posteriormente, es esponjada por huevos.

Su desarrollo responde a fenómenos físicos más que químicos: cuando la masa es sometida a cierta temperatura en el horno, al igual que ocurre con el aire en los bizcochos, el contenido de su interior se dilata, el volumen aumenta, y la estructura de la masa se consolida mediante el huevo y la harina.

Existe una diferencia sustancial con respecto del bizcocho. Mientras que en este se verán los alveolos (huecos) dejados por el aire una vez cocido, en las piezas de pasta *choux* lo que se ve es un hueco grande dentro de la pieza, ya que las celdillas de grasa y huevo, que aumentan de volumen con el calor, tienden a unirse formando la parte sólida.

Cabe destacar que esta preparación puede ser cocinada tanto al horno como en gran fritura. Normalmente, en el caso de la masa frita, se utiliza en postres de bocado y se sirve caliente, glaseada o lustrada con azúcar glas como, por ejemplo, los buñuelos de viento. En cambio, las masas horneadas permiten un fácil relleno pudiendo utilizarse cremas lácteas (crema pastelera), natas emulsionadas y azucaradas, *mousses,* etc.; y ser glaseadas, espolvoreadas o bañadas con algún elemento que complemente el postre, pudiendo ser frío o caliente como, por ejemplo, los bocaditos de nata con chocolate caliente.

Proceso de elaboración de las masas escaldadas

Describir el proceso de elaboración de las masas escaldas requiere, sin duda, proponer un ejemplo de fórmula, como el facilitado por Antoine Carême para la pasta *choux,* que incluye los siguientes elementos:

⊃ **Fórmula:**

- ◔ 1 litro de agua.
- ◔ 800 g de harina floja.
- ◔ 250 g de mantequilla.
- ◔ 250 g de manteca de cacao.
- ◔ 10 g de sal.
- ◔ 4 unidades de huevo, aproximadamente.

⊃ **Proceso de elaboración:**

1. Poner a hervir en un recipiente apropiado (perol de medio punto) agua, sal y grasas.
2. Cuando comienza la ebullición, se añadirá toda la harina previamente tamizada. Esta acción no requiere ir incorporando la harina poco a poco, sino que podrá incorporarse "de golpe".
3. Trabajar enérgicamente con la espátula o cuchara de madera, removiendo constantemente hasta que la masa se despegue de las paredes del cazo y forme una mezcla unida y compacta.
4. Una vez retirada del fuego y enfriada, la masa se coloca en la batidora con el gancho y, a velocidad intermedia, se añaden los huevos de dos en dos (no poner más cantidad hasta que no se mezclen bien los anteriores). Al final del proceso, añadir de uno en uno, para evitar poner más huevos de los necesarios.
5. Comprobar el punto de la masa, levantando con una espátula una porción de la misma, y al hacerla caer se hará lentamente y realizando un cordón en forma zigzagueante.

6. Poner la masa en manga pastelera, con el tipo de boquilla que se precise (lisa, rizada o con un grosor determinado) y se escudilla sobre latas de horno previamente engrasadas.
7. Cocer en horno con tiro abierto y calor seco a 220 °C.

IMPORTANTE

Este tipo de masa también puede ser cocinada bajo la técnica de gran fritura, siendo escudillada de forma directa sobre la grasa a temperatura de entre 170 y 190 °C, dando lugar a elaboraciones como los buñuelos de viento.

NOTA

La fórmula de la pasta *choux* puede sufrir variaciones en cuanto a la cantidad de ingredientes, pero nunca en cuanto al método de elaboración.

5.2. Masas azucaradas o pastas

Las masas azucaradas poseen una textura arenosa o terrosa. Lo que quiere decir que, una vez en la boca, se percibe una sensación de desmoronamiento de la pasta, por eso se dice que su textura recuerda a la arena.

La particularidad de este tipo de masas se consigue por una falta de amasado de los ingredientes, pretendiendo obtener una mezcla de harina, grasa y demás componentes con la aplicación del menor trabajo posible y así poder evitar que el gluten presente en la harina tome consistencia y forme ligazón.

La formulación y tratamiento dado en el formado de este tipo de pastas permite diferenciar entre los siguientes tipos:

Pastas secas
- Pasta quebrada
- Pasta brisa
- Pasta *sableux*
- Pasta flora
- Pastas españolas

Pastas de manga
- Lenguas de gato
- Pastas de té
- Pastas rizadas
- Virutas
- Pastas de coco
- Pastas bicolores

Los polvorones son pastas secas y ejemplo de las denominadas como pastas españolas.

Proceso de elaboración de las masas azucaradas o pastas

El proceso de elaboración de las masas azucaradas podrá variar en función del tipo de preparación que se quiera conseguir. No obstante, las técnicas y pasos que aplicar en general, son los que se detallan a continuación:

- **Paso 1.** Unir elementos grasos junto con el azúcar y huevos, procurando no trabajar mucho la mezcla.
- **Paso 2.** Añadir a la mezcla anterior la harina tamizada, procurando nuevamente no trabajar en exceso la mezcla.

➲ **Paso 3.** Analizar las necesidades de racionado, diferenciando al respecto:

  ◑ **Pastas secas:** se dejarán reposar en refrigeración para que adquiera consistencia, trabajándola con un rodillo sobre una superficie plana y cortando y dando la forma deseada.
  ◑ **Pastas de manga:** se introducirá la masa obtenida de forma directa en una manga pastelera para proceder a su escudillado y formado.

➲ **Paso 4.** Hornear las pastas formadas, usando para ello calor seco, siendo las constantes a determinar las relacionadas con el tiempo y la temperatura.

6. Elaboraciones de semifríos

☞ HILO CONDUCTOR

El *bavarois* y las carlotas son de las elaboraciones más demandadas en la pastelería Francia. Se trata de dos tipos de semifríos, en los que la acción de la gelatina permite, pese a su ligereza, mantener una forma característica, siendo esta uno de los principios que los diferencia.

- -

Aunque con ciertos matices, con el término semifrío se agrupa a la familia de postres elaborados a partir de cremas batidas, aromatizadas o no, adicionadas de elementos gelificantes, que incluidas en los servicios en restauración, están representadas principalmente por las *bavarois* y *mousses,* aunque no hay que olvidar las carlotas o espumas.

Así, pueden describirse como aquellas elaboraciones dulces que por sus ingredientes y texturas gelificantes posibilitan un consumo a temperatura de refrigeración (entre 2 °C y 8 °C), y que no presentan formación de cristales causados por la congelación.

Entre sus ingredientes básicos cabe enumerar: el bizcocho, la crema de leche o nata, los aditivos de sabor y color, los concentrados de frutas o pulpas y los agentes gelificantes.

Para la descripción de los semifríos es necesario diferenciar entre los siguientes tipos:

Semifríos con base ligera
- Tienen entre sus ingredientes purés de frutas, concentrados de estas, o incluso zumos o jugos. Su servicio suele incluir siropes, *coulis*, bases de frutas, etc.

Semifríos con base grasa
- Tienen entre sus ingredientes elementos grasos o de alto nivel calórico como pueden ser chocolates, frutos secos, mermeladas, jaleas, etc.

Semifrío de limón

Carlota de chocolate

7. Proceso de elaboración de cremas con huevo y cremas batidas

👉 HILO CONDUCTOR

Alejandro pregunta a Raquel por qué la textura de la crema inglesa que ha realizado presenta grumos y está disociada. Raquel, le indica que no ha tenido presente la temperatura de cocción de la crema y, por tanto, el huevo se ha coagulado de forma irregular. Raquel le señala que es fundamental controlar dicha temperatura, siendo adecuado llevar a cabo la cocción de esta crema al baño maría.

Las cremas con huevo y cremas batidas se definen como elaboraciones complementarias en torno a los productos de pastelería y repostería, formando parte de tartas, semifríos, rellenos de hojaldres... aportando cremosidad, suavidad y ligereza.

En base al ingrediente principal utilizado en su formulación, es posible diferenciar entre las cremas con base de huevo y las cremas batidas, en las que la nata o las claras de huevo toman el protagonismo.

A continuación, se expondrán los principales tipos de cremas en torno a la clasificación dada (cremas con huevo y cremas batidas), indicando los procesos necesarios para su obtención.

La crema pastelera es un ejemplo de crema con base de huevo.

7.1. Cremas con huevo

Las cremas con base de huevo facilitan la realización de múltiples elaboraciones, permitiendo la adición de distintos ingredientes, que proporcionan texturas y sabores característicos. A su vez, las cremas con base de huevo forman parte de otras elaboraciones complejas como los helados, o incluso, pueden servirse directamente como postres. De forma principal, en base a la formulación y técnica utilizada para su confección, es posible diferenciar entre las siguientes cremas con huevo:

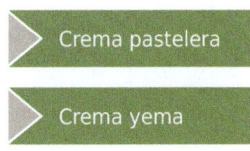

> Crema pastelera

> Crema yema

Continúa en página siguiente >>

<< Viene de página anterior

> Crema inglesa

> Crema sabayón

La **crema pastelera** es una crema con base de huevo, aromatizada con elementos como canela, vainilla y elementos cítricos. De textura untuosa, su formulación y método de elaboración facilita a su vez cremas con nombre propio como la crema Saint-Honoré, crema muselina o la crema diplomática.

Textura característica de la crema pastelera

La **crema yema** es una crema con base de huevo, en la que su formulación indica como ingrediente fundamental la yema de huevo y sustituye el uso de leche o nata por el del agua. El uso principal de esta crema se relaciona con la cobertura de elaboraciones pasteleras, pudiendo ser quemadas, abrillantadas, etc.

La tarta San Marcos tiene como elemento en su superficie este tipo de crema.

La **crema inglesa** se trata de una crema cuyos ingredientes son el huevo, la leche y el azúcar. Su textura muestra una mayor ligereza en relación a la crema pastelera. Puede ser utilizada como ingrediente de otras elaboraciones, así como salsa de acompañamiento.

El helado de vainilla tiene como ingrediente principal la crema inglesa.

Finalmente, la **crema sabayón** se trata de una crema ligera elaborada con yemas de huevo batidas sobre baño maría y aligeradas mediante la adición de nata montada. Puede ser servida en frio o en caliente, y se utiliza como elemento para gratinar.

La adición de nata montada hace que esta elaboración presente una textura muy ligera.

Proceso de elaboración de las cremas con base de huevo

En la elaboración de las cremas con base de huevo existe una serie de pasos y parámetros coincidentes, como son el infusionado previo del elemento líquido y el blanqueado o pasteurización del huevo, así como la elaboración de la denominada **carga** (huevo más azúcar).

La descripción de cada uno de estos procesos se caracteriza por los siguientes principios:

⊃ **Infusionar:** consiste en cocer o calentar un líquido junto con elementos aromáticos a fin de adquirir las propiedades de estos. El uso de esta técnica, partiendo de ingredientes como la leche, indica una cocción a punto de marca en el que se adicionan los elementos aromáticos, se tapa, y se deja en reposo hasta que pierde parte de su temperatura.
Adquirida la infusión, se requiere colar y refrigerar a fin de evitar que el producto pueda fermentar.
Si el líquido utilizado para la infusión es agua, esta deberá ser llevada a ebullición, adicionar los elementos aromatizantes y retirar. Se tapará y se dejará reposar. Se colará a fin de retirar los elementos aromatizantes, quedando listo para su uso.

Las especias y pieles de cítricos son algunos de los elementos utilizados tradicionalmente para infusionar el líquido base de cremas y salsas dulces.

➲ **Realización carga:** en el ámbito de la pastelería-repostería, se indica como carga la unión de huevo y azúcar. La unión de estos dos ingredientes tiene como propósito elevar el punto de coagulación del huevo, lo que permitirá partir del uso de temperaturas más altas en los procesos.

La carga facilitará el proceso de cocción en la elaboración de las cremas.

➲ **Blanquear / pasteurizar:** el uso del huevo requiere ser pasteurizado previo a su consumo y, por tanto, su adición como ingrediente en las elaboraciones pasteleras debe incluir un tratamiento que lo haga posible. Al respecto se diferencian de forma principal dos técnicas, siendo:

  ☽ **Blanqueado:** consiste en someter al huevo a una cocción al baño maría, moviendo de forma enérgica con varilla. Esto, además de propiciar la emulsión del huevo, eleva su temperatura, eliminando el riesgo.

○ **Cocción/pasteurización:** al huevo junto con el azúcar se le adiciona el líquido de cocción, nunca al contrario y de forma lenta. El líquido no estará en ningún caso en ebullición. La temperatura nunca deberá propiciar la coagulación del huevo.

La leche será vertida sobre la carga. Nunca, al contrario.

Además de los procesos descritos, la elaboración de las cremas con huevo indica en algunos casos la necesidad del uso de almíbares. Un ejemplo es la elaboración de la crema de yema. En este caso, el almíbar deberá adquirir una temperatura de 105 °C a 108 °C, denominándose como almíbar de hebra floja.

Para la elaboración de este almíbar se partirá de la unión de agua y azúcar, en la proporción necesaria en base a las necesidades. Poniéndola al fuego, tras el primer hervor, se retirará la espuma generada. Su cocción se llevará a cabo al fuego hasta obtener el punto de cocción óptimo.

Durante el proceso de cocción, para evitar el empanizado del almíbar, se moverá con pala o cuchara de madera.

TAREA 1

Un problema eléctrico en el obrador de la pastelería Francia ha hecho que no se disponga de horno de cocción. Debiendo llevar a cabo la elaboración de un postre y no disponiendo de horno. ¿Qué solución podrías ofrecer al cliente?

Justifica tu respuesta.

7.2. Cremas batidas

Las cremas batidas tienen como ingrediente base la nata o las claras de huevo. La técnica de elaboración de las cremas propicia la incorporación de aire, lo que confiere a este tipo de cremas una textura muy esponjosa.

La nata montada es la crema batida clásica, la cual puede ser adicionada de infinidad de ingredientes, y dará lugar a nombres propios como la crema de trufa, la crema de mantequilla, o elaboraciones como las *mousses*.

Las características de estas cremas hacen que se incluyan como parte de postres en forma de cubierta y rellenos.

Ejemplo de uso de crema de mantequilla para relleno y cubierta

Proceso de elaboración de las cremas batidas

Los procesos de elaboración propios de este tipo de cremas requieren tener en cuenta la formulación del tipo de crema batida que llevar a cabo y mostrar, a su vez, procesos propios en torno a su ejecución. No obstante, en base al ingrediente utilizado, se podrán establecer unos principios comunes, que están descritos a continuación:

- **Nata:** la nata deberá presentar una temperatura de entre 2 y 4 °C para facilitar su emulsionado.
  Si la elaboración requiere ser adicionada de otros ingredientes, siempre se partirá del uso de nata semimontada, sobre la cual se irán adicionando con movimientos envolventes dichos ingredientes, propiciando así la emulsión completa.
- **Mantequilla:** el uso de la mantequilla requiere su previo atemperado, presentando una textura de pomada que facilitará la integración del resto de ingredientes.
- **Almíbar:** el uso de almíbares es común en la obtención de distintas cremas batidas como puede ser la crema batida de mantequilla o el merengue francés. En cada caso, se deberá obtener el punto de cocción adecuado, así como prever el atemperado en el caso de la crema de mantequilla. Su adición deberá ser en hilo y de forma constante.
- **Clara de huevo:** se partirá del uso de clara de huevo limpia de impurezas, a temperatura de entre 2 y 4 °C. Utilizada como base de las cremas batidas, su uso requiere de su previa emulsión siendo adicionada a continuación de los ingredientes pertinentes.
- **Chocolate:** la adición de chocolate como ingrediente de la crema batida que obtener requiere su previo atemperado, así como su adición en forma de hilo sobre el elemento ya emulsionado, teniendo presente que cuando se trata de nata, esta deberá estar semimontada a fin de permitir la incorporación mediante movimientos envolventes.
  Recuerda que cuando se trata de claras montadas, estas deberán estar montadas antes de la adición de otros ingredientes.
- **Caramelo:** la crema batida de caramelo (crema batida de tofe) muestra un proceso peculiar. En este caso, se añadirá nata líquida de forma directa sobre un caramelo rubio, es decir, se añadirá la nata cuando el caramelo adquiera una temperatura de 160 °C. Se dejará reposar y, cuando adquiera una temperatura de entre 2 y 4 °C, se procederá a su emulsionado.
- **Cremas con base de huevo:** la adición de cremas con base de huevo, como ingrediente para una crema batida, deberá presentar una temperatura inferior a 6 °C a fin de que la incorporación de la mezcla no incremente la temperatura del conjunto, lo que propiciaría una merma de su volumen.
- **Productos deshidratados o liofilizados:** el estado de conservación o presentación comercial de los ingredientes hace que a su vez se requiera de procesos comunes. Así, para los productos deshidratados o

liofilizados se requiere de una previa hidratación del producto, siendo incorporado como elemento líquido en forma de almíbar o crema.

Un ejemplo es la crema de moka, en la que el café es incluido en la elaboración haciendo uso de una crema pastelera previamente infusionada o bien en un almíbar de hebra fuerte en el que se ha introducido de forma previa el producto.

NOTA

La incorporación de aromas, sabores artificiales o colorantes en forma de pasta se llevará a cabo al final del proceso y siguiendo las indicaciones de uso facilitadas por el fabricante.

8. Proceso de elaboración de rellenos salados

 HILO CONDUCTOR

La crema de queso es uno de los rellenos salados más demandados por la clientela de la pastelería Francia. Para su elaboración, Raquel apuesta por el uso de queso roquefort lo que aporta unas características excepcionales en torno a color, sabor y aromas.

Bajo la denominación de rellenos salados se describen elaboraciones de distinta complejidad en las que el ingrediente principal da nombre al relleno. En base a las características del producto, su adición requerirá o no de un producto que facilite su cremosidad y/o emulsión, considerándose que todo relleno deberá presentar una textura cremosa, más o menos untuosa.

Así, por ejemplo, mientras que productos como la bechamel, la salsa de tomate o los patés pueden ser considerados como rellenos salados, no teniendo necesidad de incorporar ningún otro elemento, otros productos como el queso, los encurtidos o alimentos procesados como las conservas y los ahumados, o incluso productos cocinados, requieren de un elemento normalmente graso para propiciar su emulsión.

La crema de queso es una de las más empleadas como relleno salado, adicionado a su vez de productos como ahumados, encurtidos, etc.

A fin de facilitar un procesado común en la descripción de los procesos asociados a la obtención de rellenos salados, se diferencian las siguientes gamas:

- Rellenos salados con base de queso
- Rellenos salados con base de bechamel
- Rellenos salados con base de salsa de tomate
- Rellenos salados a partir de encurtidos
- Rellenos salados a partir de productos cocinados

Rellenos salados con base de queso

La elaboración de **rellenos salados con base de queso** debe considerar las características de este para su confección, así, se establece que:

> **Para quesos tipo crema**
> - Podrán ser empleados de forma directa o bien, aportándole un porcentaje de nata a fin de facilitar mayor cremosidad, siendo necesario en ese caso turbinar el conjunto.

> **Para quesos de pasta azul**
> - Su textura hace necesaria la adición de nata y el turbinado para facilitar una mayor cremosidad. Obteniéndose una crema fácil de untar de tonos violetas-azulados.

> **Para quesos curados**
> - La textura de este tipo de quesos no facilita su disolución en otros productos, por lo que requiere ser cocinado como ingrediente de una bechamel.

Rellenos salados con base de bechamel

La **bechamel** también puede ser utilizada como relleno salado. De forma general, su elaboración requiere de la realización de un *roux*, al que se le añade como elemento principal leche.

Este tipo de salsa o crema a su vez, permite diferenciar la elaboración de otras variantes, siendo ejemplo las siguientes:

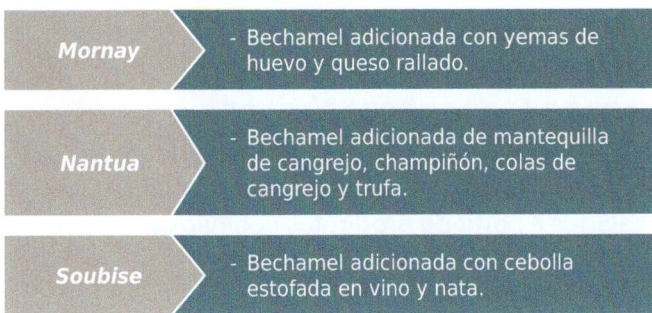

> **Mornay**
> - Bechamel adicionada con yemas de huevo y queso rallado.

> **Nantua**
> - Bechamel adicionada de mantequilla de cangrejo, champiñón, colas de cangrejo y trufa.

> **Soubise**
> - Bechamel adicionada con cebolla estofada en vino y nata.

Rellenos salados con base de salsa de tomate

La **salsa de tomate** puede utilizarse de forma directa como relleno, o bien, formar parte de elaboraciones complejas permitiendo integrar otros productos como verduras o carnes. Así, son ejemplo de relleno en base a este producto:

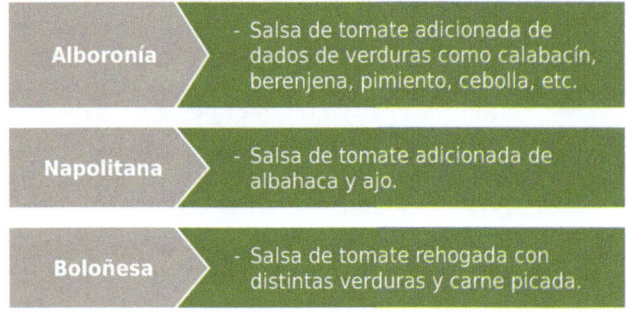

Alboronía — Salsa de tomate adicionada de dados de verduras como calabacín, berenjena, pimiento, cebolla, etc.

Napolitana — Salsa de tomate adicionada de albahaca y ajo.

Boloñesa — Salsa de tomate rehogada con distintas verduras y carne picada.

Rellenos salados a partir de encurtidos

Los **encurtidos** muestran una gran aceptación en torno a su empleo como pasta. Para ello, además de ser sometidos a un picado o turbinado, se debe considerar la textura aportada. Para ello, el uso del **líquido de gobierno** podrá ser suficiente usando la proporción indicada como suficiente.

 **DEFINICIÓN**

Líquido de gobierno
Líquido en el que es conservado el producto.

Rellenos salados a partir de productos cocinados

Productos como los pescados, mariscos o carnes, pueden ser sometidos a turbinado a fin de obtener una pasta homogénea. En este caso y, dado el porcentaje de proteína de que dispone esta gama de productos, suele requerir de la adición de una grasa como elemento de unión, que aportará a su vez untuosidad y cremosidad.

NOTA

Todos los rellenos salados descritos hasta ahora presentan untuosidad o cremosidad. No obstante, hay que recordar que otros productos como las chacinas y los embutidos son empleados como relleno salado.

9. Proceso de elaboración de cubiertas y de preparados a base de frutas

 **HILO CONDUCTOR**

Raquel ha decidido incluir la tarta Sacher como tarta de la semana. Se trata de una tarta con cubierta de crema de chocolate y relleno de mermelada de albaricoque y espera que tenga una gran aceptación.

En el ámbito de la pastelería y repostería, la presentación es un factor determinante en base a la aceptación del consumidor, por lo que conocer y dominar los procesos relacionados con la elaboración y aplicación de las cubiertas es fundamental, al igual que el dominio en torno a la formulación y procesado dirigido a la elaboración de preparados a base de frutas para este fin.

Las técnicas de elaboración e ingredientes utilizados en la formulación de las cubiertas permiten diferenciar entre:

➲ **Glaseados:** se trata de cubiertas elaboradas a base de azúcar glas y agua, como ingredientes básicos. A su vez, pueden incluir colorantes, así como clara de huevo para mayor elasticidad. En torno a la formulación de los glaseados, es posible diferenciar entre glaseados al agua y glaseado real.

Bizcocho cubierto con glasa al agua

➲ **Pralinés:** se trata de elaboraciones realizadas a base de pasta de frutos secos y azúcar glas. Su formulación facilita distintas fórmulas, no obstante, como mínimo deberá incluir al menos el 50 % de frutos secos. Su textura permite cubrir pasteles y tartas, así como pequeñas figuras.

Tartaleta cubierta con praliné de almendra elaborado a partir de almíbar de hebra fuerte

➲ **Cremas de chocolate:** siendo una de las cremas más significativas en el ámbito de la pastelería-repostería, en su formulación y desarrollo se buscará obtener brillo y homogeneidad en textura y color.
Entre las fórmulas desarrolladas para este tipo de crema, se diferencia entre las que usan cacao en polvo junto con almíbar y los que parten de cobertura de chocolate.

Tarta con cubierta de chocolate con la técnica drip cake

⮥ Gelatinas: se trata de cubiertas transparentes que aportan brillo sobre la superficie de tartas y pasteles y que se utilizan mucho en el caso de tartas de frutas porque aportan brillo a la vez que protección. Como ingredientes utilizados en su formulación destaca la gelatina, el agua y el azúcar, pudiendo a su vez incluir saborizantes o colorantes.

Cubierta de gelatina de frambuesa

⮥ Frutas: la fruta utilizada como cubierta en elaboraciones pasteleras y reposteras permite diferenciar en torno a las necesidades de elaboración entre dos principios:

◑ Cubiertas de fruta no procesada: se trata de cubiertas en la que es posible observar la estructura primaria de la fruta, es decir, se presenta en dados, gajos, o incluso entera, en el caso que su formato así lo permita. Estas cubiertas, a su vez, suelen incluir una cubierta de gelatina para propiciar su protección y brillo.

Tarta cubierta de fresas naturales laminadas adicionada de gelatina

U **Cubierta de fruta procesada:** la fruta puede ser integrada como ingrediente principal en mermeladas, jaleas, cremas, etc. permitiendo obtener el sabor, el color y el olor de estas.

Tarta con cubierta de crema de mango

➲ **Otros productos:** la variedad de productos empleados en pastelería-repostería permiten diferenciar otros tipos de cubiertas. Así, el uso de caramelo para la elaboración de cubiertas puede estar presente como crema de tofe.

Tarta con cobertura de crema de tofe

9.1. Proceso de elaboración de cubiertas

Conocidos los tipos de cubiertas asociadas al ámbito de la pastelería y repostería, es necesario conocer la descripción de sus procesos de elaboración, lo que requiere conocer tanto la formulación de ingredientes que emplear como las características del producto que se quiere obtener. Dichos procesos muestran las siguientes especificidades:

➲ **Glaseados:** la preparación de los glaseados diferencia entre dos casos:

 ◑ **Glasa al agua:** requiere de la unión del agua y azúcar. Sobre el azúcar se adicionará el agua, en forma de hilo a fin de obtener la disolución requerida. El conjunto se agitará con varilla.
 ◑ **Glasa real:** dada su formulación, se requiere del montado de las claras, las cuales serán adicionadas con unas gotas de limón. Cuando adquieran el doble de su volumen, se añadirá el azúcar hasta obtener la textura deseada, que permitirá su trabajo con manga pastelera o *cornet*.

➲ **Pralinés:** se trata de una pasta a base de frutos secos y azúcar. Su elaboración puede indicar dos procesos en base al tipo de azúcares empleados, siendo:

 ◑ **Partiendo de azúcar glas:** se llevará a cabo el triturado del fruto seco hasta obtener una pasta a la que se irá añadiendo el azúcar.
 ◑ **Partiendo de almíbares:** se llevará a cabo el triturado del fruto seco hasta obtener una pasta. A su vez, se obtendrá un almíbar al punto indicado, que una vez atemperado, se irá incorporando a la mezcla en forma de hilo, batiendo de forma enérgica.

● **Chocolates:** la descripción del proceso que llevar a cabo para la preparación de cubiertas de chocolate indicará pasos propios en base a los
ingredientes presentes en su formulación. Así, se tienen que tener presentes los siguientes principios:

  ◊ Si la fórmula está basada en el uso de nata, chocolate y azúcar, se
  requiere hervir la nata junto con el azúcar. Dejar atemperar y verter
  sobre el chocolate previamente troceado o en gotas. Mover hasta homogeneizar el preparado.
  ◊ Si la fórmula incluye gelatina, esta deberá ser hidratada previamente
  e introducida en la nata, obteniendo así su disolución.
  ◊ Si la fórmula incluye mantequilla, debe ser atemperada y añadida
  una vez obtenida la crema aportando brillo final al conjunto. Mover
  hasta que la mantequilla se integre de forma completa y no aparez-
  can trazas de suero o grasa.
  ◊ Si la fórmula incluye aceite vegetal, la adición de este debe llevarse
  a cabo una vez que el chocolate esté fundido. Se añadirá en forma
  de hilo, moviendo con paleta evitando la incorporación de aire a la
  mezcla.

● **Gelatinas:** la descripción del proceso que llevar a cabo para la preparación de cubiertas de gelatina requiere de la previa hidratación del
agente gelificante. Para ello, se dispondrán las hojas o polvo de gelatina
en agua fría. Una vez hidratada, se retirará y se añadirá al producto a ge-
latinizar, estando este o parte de este a temperatura superior a 70 °C para
asegurar su disolución.
● **Frutas:** la descripción del proceso que llevar a cabo para la preparación
de cubiertas con base de fruta diferencia las siguientes especificidades en
base a las características del producto perseguido, diferenciando entre:

  ◊ **Cubiertas de frutas no procesadas:** se requerirá de una selección
  y un lavado exhaustivo de cada pieza, llevando a cabo a su vez un
  corte preciso. Se propiciará una disposición ordenada, así como su
  cobertura con elemento gelatinizante que evite su oxidación.
  ◊ **Cubiertas de frutas procesadas:** las frutas utilizadas como cubierta
  pueden ser presentadas en forma de culí, mermelada, jalea…, indicándose en cada caso los siguientes pasos:

    ⇕ **Culí:** se tendrá presente si requiere o no cocción. De requerir coc-
    ción, esta se llevará a cabo junto con el azúcar y el agua de la for-
    mula. Tras la cocción, triturar y colar.
    ⇕ **Jalea:** en base al tipo de fruta se procesará su cocinado a fin de ex-
    traer su jugo, el cual será ligado mediante la adición de almíbares,
    pectinas, etc., consiguiendo la textura necesaria para su uso.

⇕ **Mermelada:** se llevará a cabo el procesado de la fruta dándole un corte adecuado en base al producto utilizado, eliminando elementos no comestibles. Incluir en recipiente de cocción junto con el azúcar y el agua de cocción en las proporciones requeridas. Cocinar hasta obtener la textura y punto de cocción adecuado. No turbinar.

➲ **Otras cubiertas:** teniendo presente que el caramelo es uno de los elementos representativos de la pastelería-repostería, se indica que, para su uso como cubierta, debe ser procesado como un tofe. Por ello, será necesario obtener un caramelo rubio, al cual se le añadirá la nata. Al conjunto, se le añadirá gelatina previamente hidratada a fin de aportar el cuerpo y la consistencia necesaria para su uso.

10. Preparación de coberturas de chocolate

☞ HILO CONDUCTOR

Raquel ha asistido en el día de hoy a un seminario en el que se describirán los procesos relacionados con la preparación de las coberturas de chocolate. Con ello, Raquel pretende elaborar su propia cobertura de chocolate a fin de ofrecer un producto exclusivo que marque la diferencia con sus competidores directos.

El uso del chocolate como cubierta en elaboraciones de pastelería y repostería muestra una gran variedad de elaboraciones, como se ha especificado en el epígrafe anterior, pudiendo tener como ingredientes complementarios los almíbares, nata, gelatinas y grasas como la mantequilla o el aceite vegetal.

El chocolate como ingrediente es comercializado bajo la denominación de cobertura de chocolate, siendo este el producto obtenido de la unión de: haba de cacao, manteca de cacao, azúcares y especies aromáticas, principalmente.

La proporción de ingredientes en la fórmula permite diferenciar entre los siguientes tipos de cobertura de chocolate:

Cobertura de chocolate negro
- Se trata de la cobertura más pura en cuanto al contenido de chocolate, incluyendo su fórmula: pasta de cacao, manteca de cacao y azúcar.
- Aunque existen distintas proporciones en cuanto a la cantidad de cacao, se indica como general un porcentaje de hasta el 75 % de pasta de cacao y 35 % de manteca de cacao.

Cobertura de chocolate con leche
- Este tipo de cobertura incluye además de la manteca, pasta de cacao y azúcares, leche, generalmente en polvo. La proporción de pasta de cacao en esta variedad de cobertura ronda entre el 25 y el 40 %, al igual que de manteca de cacao.
- La fórmula empleada para este tipo de cobertura también puede incluir otros productos como son la lecitina y extractos aromáticos como la vainilla.

Cobertura de chocolate blanco
- Este tipo de cobertura incluye en su fórmula manteca de cacao, leche en polvo y azúcar. No incluye pasta de cacao. Las proporciones de esta fórmula indican de forma general un contenido mínimo de 20 – 25 % de manteca de cacao, pudiendo llegar incluso al 40 %. El resto de ingredientes serán proporcionales, incluyendo azúcares, lecitina, leche en polvo y aromas.

10.1. Proceso general para la elaboración de coberturas de chocolate

La preparación o fabricación de la cobertura partirá de la adquisición de las habas de cacao una vez han sido fermentadas y secadas. Los granos de cacao deben lavarse, retirando posibles impurezas, pasando a continuación a su triturado, retirando su cáscara. El producto obtenido se denomina **grué,** producto básico que se utiliza en la elaboración de la cobertura y que requerirá de los siguientes pasos:

⮞ **Torrefacción:** proceso por el que se tuesta el denominado *grué.* Para ello, se indica una temperatura de entre 120 y 150 °C durante unos 25 minutos.
Es importante tener en cuenta que el tiempo y temperatura de torrefacción será variable, según se persiga obtener distintos matices de color, aroma y sabor.

- **Molturado:** tostadas las habas, se molerán aplicando calor, lo que propiciará la formación de una masa líquida llamada pasta de cacao.
- **Mezclado:** la pasta de cacao para convertirse en cobertura requiere ser adicionada de ingredientes como azúcar, leche, lecitina etc., siendo este el momento en base al tipo de cobertura que confeccionar.
- **Refinado:** tras el mezclado, se obtiene una pasta granulosa que requiere su refinado. Para ello, se pasa por un sistema de rodillos en el que se obtiene un polvo fino.
- **Conchado:** proceso por el que se somete a la mezcla refinada a un amasado que puede llegar a durar horas, o incluso días, por el que se desarrollan los aromas propios del producto, eliminando a su vez parte del amargor y acidez.
  En el proceso de conchado se añade manteca de cacao y lecitina para dar más fluidez. También es el momento de añadir otros elementos aromáticos a fin de obtener las características propias del producto.
- **Templado:** proceso por el que se pretende dar estructura y brillo al chocolate. Consiste en someter al chocolate a una serie de cambios de temperatura para conseguir la cristalización ordenada de la manteca de cacao. La aplicación de esta temperatura se relaciona con el tipo de chocolate, diferenciando tres fases:

	Chocolate negro	Chocolate con leche	Chocolate blanco
Fase 1	50 – 55 ºC	45 - 50 ºC	45 - 50 ºC
Fase 2	28 - 29 ºC	27 - 28 ºC	26 - 27 ºC
Fase 3	31 - 32 ºC	29 - 30 ºC	28 - 29 ºC

11. Aplicación de técnicas de frío en pastelería

 **HILO CONDUCTOR**

En el obrador de la pastelería Francia se cuenta con un abatidor de temperaturas. Este dispositivo es de gran utilidad, ya que minimiza la formación de cristales de hielo en los productos congelados y reduce el tiempo de refrigeración, lo que supone un menor riesgo asociado a la contaminación bacteriana.

En el ámbito de la pastelería, al igual que en el ámbito de la industria alimentaria, la necesidad de conservar los productos perecederos hace necesario aplicar métodos que facilitan una temperatura baja en el producto.

De forma general, es posible diferenciar entre los procesos y/o temperaturas de refrigeración y de congelación. Cada uno de estos procesos indica unas características y regulación, siendo:

Refrigeración
- Método consistente en conservar los productos a baja temperatura, estando establecida en el caso de la pastelería-repostería entre los 0 °C y los 6 °C, en función de la naturaleza y/o necesidad.
- El uso de este método se relaciona con necesidades de conservación a corto plazo a fin de frenar su descomposición.

Congelación
- Método consistente en la aplicación de frío a un producto para preservar su calidad y detener los procesos bacteriológicos que lo puedan alterar. De forma generalizada se establece como temperatura estándar para el proceso los −18 °C.
- El tiempo requerido para que el producto adquiera esta temperatura es fundamental, siendo una prioridad buscar mecanismos y métodos que la minimicen.
- El uso de este método se relaciona con necesidades de conservación a largo plazo.

La aplicación de los métodos de refrigeración y congelación tienen asociados una serie de premisas para cumplir con el aseguramiento de la calidad higiénico-sanitaria y organoléptica de los productos, lo que implica conocer el desarrollo de los siguientes aspectos:

➲ **Envasado:** todo producto refrigerado o congelado debe ser correctamente envasado. De forma principal se diferencia entre envasado al vacío y envasado en atmósfera protectora.
En ambos casos se persigue proteger al producto y alargar su vida útil.
El uso de una u otra técnica está relacionado con las características del producto que envasar. Así, mientras que productos que muestren porosidad como: bizcochos o productos frágiles como las galletas, barquillos, tejas,... requerirán de un envasado en atmósfera protectora, otros productos como cremas, salsas, frutos secos, almíbares, etc., podrán ser conservados al vacío.

➲ **Abatimiento de temperatura:** consiste en someter a los productos o elaboraciones a un choque térmico negativo que facilite una bajada de temperatura rápida, que minimice la formación de cristales de congelación, así como el riesgo de proliferación bacteriana. El proceso se lleva a cabo en el abatidor de temperatura y su finalidad es:

   ۝ Reducir la temperatura de un producto de 80 a 3 °C en un tiempo inferior a dos horas.
   ۝ Obtener una temperatura de – 18 °C en el centro de un producto que presenta una temperatura en torno a los 3 °C en un plazo inferior a dos horas.

➲ **Trazabilidad:** será necesario adoptar mecanismos que garanticen la identificación de los productos envasados, debiéndose incluir la fecha de envasado, tipo de producto, procedencia, fin de uso...
Esto además se acompañará de una correcta ordenación de cámaras o almacenes, garantizando la rotación y niveles de *stock*.

12. Productos de pastelería salada

☞ HILO CONDUCTOR

En el obrador de la pastelería Francia, se tiene una amplia oferta de productos salados, como son los quiches y las tartaletas con base de pasta quebrada salada y se rellenan de cremas de quesos y frutos secos. También se utiliza el hojaldre como masa para la elaboración de *vol au vent*, saladitos o empanadillas, que son rellenas o complementadas con quesos de pasta azul, patés y embutidos.

La pastelería salada es otra de las familias o disciplinas llevadas a cabo en el obrador y su presentación se engloba en torno a tres grupos diferentes en base a la masa o pasta base, teniendo:

| Base masa leudada | Base masa quebrada | Base masa hojaldrada |

La pastelería salada centra fundamentalmente su distinción o carácter en el empleo de rellenos, ya que las masas elaboradas como base no son, en cierto modo, diferentes a las empleadas en la pastelería dulce, por lo que es de vital importancia conocer los rellenos más utilizados, donde las materias primas principales son las verduras, las carnes y pescados y condimentos y especias, que, en mayor parte, recuerdan elaboraciones de la cocina salada por excelencia.

12.1. Base masa leudada

Dentro de la pastelería salada uno de los grupos que se distinguen son las elaboraciones realizadas con base de masa leudada, donde destacan las presentaciones de pizzas, empanadas, canapés, bocadillos y sándwiches.

Cada una de estas preparaciones tiene características propias que, a su vez, pueden ser modificadas y atribuidas según las necesidades de servicio e ingredientes utilizados. Así, por ejemplo, los diferentes formatos utilizados en cuanto a tamaño pueden hacer que una misma elaboración sea servida como elemento principal en una comida o pasar a formar parte de un bocado en una degustación o servicio de cóctel. Por tanto, a continuación, se describirán las características de cada una de ellas:

➲ **Pizzas:** elaboración realizada con base de harina de trigo, sal, levadura y agua, viéndose complementada en su cubierta por infinidad de ingredientes. De forma redonda, es posible diferenciar distintos diámetros.

La pizza a la napolitana es una de las elaboraciones más reconocidas.

○ **Empanadas:** elaboración realizada con una fina masa de base y cobertura, elaborada a partir de harina de trigo agua y sal, añadiendo a su vez grasas o aceites, en muchos casos provenientes de la elaboración del relleno que utilizar.

La composición del relleno posibilita el uso de verduras, carnes, pescados e incluso la mezcla de estos. Su tamaño y forma no son determinantes y obedecen en muchos casos a costumbres o tradiciones.

Su cocción se lleva a cabo en horno seco.

La empanada gallega es uno de los ejemplos que obedecen a la tradición española.

○ **Canapés:** los canapés son pequeños aperitivos representados por reducidas elaboraciones, consideradas "de bocado", servidas normalmente para abrir el apetito, ofreciendo una cuidada presentación. Aunque son muchos los ingredientes utilizados en su elaboración, cabe destacar los realizados a partir de pequeñas rebanadas de pan, que soportarán alimentos como patés, quesos, purés, pescados, carnes, chacinas, etc., previamente tostados o untados con grasas.

Ejemplo de canapés salados elaborados con base de pan

⮕ **Bocadillos:** los bocadillos se definen como piezas o trozos de pan abierto tras su horneado de forma longitudinal, acompañada en su interior de alimentos o ingredientes variados, normalmente cortados en rodajas o lonchas. La pieza de pan usada para ello suele ser la *baguette* o media *baguette,* aunque no se descartan otros tipos.

Un ejemplo de bocadillo con tradición, es el bocadillo de calamares asociado a la gastronomía madrileña.

⮕ **Sándwich:** los sándwiches son elaboraciones constituidas por dos rebanadas de pan, normalmente de molde o inglés, a las que se le añade una farsa o relleno con alimentos tales como carnes, fiambres, quesos, verduras, etc.

Dada la popularidad de este tipo de elaboración, son muchos los sándwiches con nombre propio como: mixto, club, croque-monsieur...

12.2. Base masa quebrada

Con base de masa quebrada las elaboraciones más significativas son los quiches y las tartaletas, que se caracterizan por presentar una base crujiente y seca que, además de aportar sabor y textura a la elaboración final, servirán como recipiente para su servicio, así como también para su cocción, y que permiten, en el caso de los quiches, rellenos semilíquidos adicionados con huevo.

En cuanto a su formato, atienden a diferentes diámetros dependiendo del servicio al que vayan destinados, su elaboración tradicional es de forma circular y con ingredientes básicos como la mantequilla, la harina y el huevo, atendiendo a una cocción en blanco.

Como principales elaboraciones es posible diferenciar entre:

➲ **Quiche:** los quiches son elaboraciones realizadas con base de masa quebrada, cocida en blanco y adicionada de ingredientes varios, siempre acompañados de huevo y nata que harán que la elaboración adquiera la textura característica tras su cocción en el horno.

El quiche Loraine es una de las elaboraciones con nombre propio en la que el beicon, la nata, el huevo y la cebolleta son protagonistas.

➲ **Tartaleta:** las tartaletas son pequeñas elaboraciones de bocado, realizadas con base de pasta quebrada, caracterizadas por su textura suave y crujiente, la cual proviene de su corto amasado.

Su cocción, al igual que en el caso de los quiches, será en blanco y puede admitir distintos rellenos, atendiendo a las necesidades del servicio.

Ejemplo de tartaleta de salmorejo y huevo

 **DEFINICIÓN**

Cocer en blanco

Cocer una masa en su molde sin su relleno, pinchando la base y colocando peso, por ejemplo, legumbres para evitar que esta se hinche durante su cocción.

12.3. Base masa hojaldrada

La masa de hojaldre, al no poseer azúcar en su fórmula, puede ser usada tanto en elaboraciones dulces como saladas, adquiriendo gran protagonismo el relleno o farsa utilizada, que se ve complementado con la textura característica de dicha masa.

En base a la forma dada al hojaldre es posible diferenciar entre: *vol au vent,* saladitos y empanadillas, entre otras elaboraciones, todas ellas descritas a continuación:

➲ ***Vol au vent:*** elaboración realizada únicamente con base de hojaldre, no admitiéndose otro tipo de masa. Con forma redondeada, su diámetro puede variar en base a las necesidades de servicio, pudiendo además atender a distintas temperaturas de servicio.

Ejemplo de vol au vent de pequeño formato

➲ **Saladitos:** los saladitos son otros de los elementos que se elaboran con masa de hojaldre. Para su elaboración, el formato suele ser de bocado, servido especialmente en cócteles o aperitivos de antesala, complementados con diferentes quesos, patés, chacinas, etc., en su relleno, destacando además en su presentación la posibilidad de adicionarlos con alguna cobertura o brillo, además de especias que realcen y complementen su sabor.
Sus diseños suelen ser característicos estando representados por cruasanes y napolitanas y ensaimadas de pequeño formato.

Pequeñas ensaimadas de salmón, espinacas y queso

⮑ **Empanadillas:** las empanadillas, al igual que las ya citadas empanadas de masa panaria, atienden a diversos formatos, siendo el más habitual el de media luna, empleando diferentes rellenos. En el caso de las empanadillas saladas toma gran protagonismo la salsa de tomate y la salsa bechamel, complementándose con pescados, carnes, verduras y quesos.

Su elaboración es individual y presenta pequeños tamaños debido a la fragilidad de la masa, que resulta de difícil corte una vez horneada. Su servicio está pensado para satisfacer junto con otras piezas al cliente en servicios de aperitivos, resultando un bocado ligero y característico.

Su cocción se puede llevar a cabo en gran fritura o al horno, siendo esta última opción la más aconsejable pues, acompañada de algún brillo en su cubierta, el resultado es mucho más elegante, liberando al mismo tiempo al producto de la absorción de grasa.

Empanadilla rellena de espinacas y salsa mornay

13. Sistemas y métodos de conservación y regeneración de géneros crudos, semielaborados y elaboraciones básicas para pastelería-repostería

☞ HILO CONDUCTOR

El volumen de trabajo en el obrador de la pastelería Francia hace necesario contar con sistemas de conservación, como la congelación, que permiten la elaboración de un gran volumen de productos que podrán ser regenerados y tratados bajo demanda, aplicando las necesidades de cocción especificadas.

Además de los métodos de refrigeración y congelación, en los que la aplicación de frío en sus distintas intensidades facilita unas características propias de conservación y uso, existen otros métodos de conservación como son las basadas en técnicas de liofilización, el confitado, el escarchado o la conservación en almíbar, así como el secado, salado y ahumado.

La aplicación de cada una de estas técnicas, así como los procesos de congelación y refrigeración propician unas características en el producto conservado que hacen necesaria la aplicación de técnicas de regeneración específicas, como puede ser la rehidratación o la descongelación. A su vez, el tratamiento de cocinado o elaboración al que se ve sometido el producto facilita unas necesidades propias, diferenciando al respecto entre la descripción de productos o géneros crudos, semielaborados y elaborados.

13.1. Métodos de conservación y regeneración para géneros crudos

Los géneros crudos pueden ser conservados en base a su naturaleza (productos perecederos y no perecederos) bajo técnicas de congelación (aplicación de temperatura inferior a −18 °C), refrigeración (aplicación de temperatura entre 0 °C y 6 °C, aproximadamente) y a temperatura ambiente, quedando este último método reservado para aquellos productos de naturaleza no perecedera. Centrándonos en la descripción de las necesidades propias de conservación y regeneración de los géneros crudos es posible diferenciar entre:

Productos envasados al vacío y en atmósfera protectora, refrigerados y congelados
- Los productos envasados al vacío o atmósfera protectora serán regenerados en cámara frigorífica, desprendiendo el producto de sus envases en el caso de mostrar riesgo ante posibles irregularidades (producto pegado, aplastamiento, etc.). En los casos en los que el producto que regenerar desprenda agua o jugos asociados al proceso, se deberá hacer uso de rejilla o escarchadera.
- Si el producto que regenerar va a ser cocinado o cocido, horneado o sometido a una fuente de calor, se deben contemplar las características de este producto a fin de poder aplicar una cocción directa.

Productos liofilizados o deshidratados, crudos
- El proceso de regeneración de estos productos se llevará a cabo en cámara frigorífica en un recipiente adecuado en el que se adicionará el agua o caldo requerido para la hidratación.
- Las características del producto posibilitarán el uso del caldo o líquido de rehidratación.

Seta shiitake en proceso de hidratación

13.2. Métodos de conservación y regeneración de productos semielaborados

Los productos con base leudada o sometidos a procesos de precocción son característicos en el ámbito de la panadería-pastelería ya que permiten, mediante el uso de técnicas apropiadas de regeneración, obtener productos que, aun requiriendo de un arduo proceso de elaboración, puedan estar listos en un breve periodo de tiempo. Al respecto, es posible diferenciar los siguientes casos:

⊃ **Piezas leudadas precocidas congeladas o envasadas en atmósfera modificada:** la regeneración de este tipo de piezas diferencia entre:

◑ **Piezas congeladas:** requiere ser dispuestas en bandeja de cocción para proceder a su descongelación. Hornear tras la descongelación. La descongelación se llevará a cabo en cámara frigorífica.

◑ **Piezas envasadas en atmósfera modificada:** su regeneración y puesta a punto se llevará a cabo de forma directa en horno precalentado.

⮆ **Masas / piezas leudadas sin cocción en congelación:** el proceso de regeneración de este tipo de productos diferencia entre:

◑ **Piezas leudadas sin formar:** son masas que no han sido sometidas a formado y fermentación. Su regeneración deberá llevarse a cabo en refrigeración teniendo presente la acción de la levadura o fermento. Tras su descongelación, serán sometidas a formado y fermentado, obteniendo la pieza final que se cocinará.

◑ **Piezas leudadas formadas fermentadas:** su regeneración requerirá de descongelación directa en cámara frigorífica. Pasando a continuación a cocción.

⮆ **Masas / piezas de pastelería-repostería congeladas o refrigeradas:** los procesos de regeneración asociados a este grupo de masas diferencia entre:

◑ **Masas/piezas de pastelería-repostería congeladas:** su uso requiere la previa descongelación. Siempre en refrigeración. Su cocción se llevará a cabo una vez haya alcanzado su desarrollo o forma característica.

◑ **Masas/piezas de pastelería-repostería refrigeradas:** su cocción se llevará a cabo de forma directa, teniendo presente las posibles necesidades de formado, pintado...

En pastelería contar con productos preformados es muy recurrente en torno a las necesidades organizativas.

 **IMPORTANTE**

Todo proceso de regeneración debe:

- Asegurar la trazabilidad del producto, por tanto, siempre que se desprenda del envase o etiqueta se deberá contar con un sistema de registro.
- Evitar la contaminación cruzada en los procesos relacionados con la regeneración / manipulación.

13.3. Métodos de conservación y regeneración de productos elaborados

En este caso, el proceso asociado a la regeneración del producto se llevará a cabo diferenciando entre los productos congelados y refrigerados, así como los productos conservados en atmósfera protectora sin refrigeración, mostrándose al respecto las siguientes especificidades:

Producto elaborado perecedero congelado
- El producto será desprendido de su envase siempre que este suponga un riesgo para su posterior manejo. Se dispondrá de forma ordenada y siempre permanecerá en la cámara frigorífica hasta el momento del servicio.

Producto elaborado perecedero refrigerado
- El producto será desprendido de su envase en el momento de servicio. Sus características hacen que no requiera de tratamiento térmico posterior y, por tanto, su regeneración puede estar asociada a la necesidad de evitar posibles olores asociados al proceso de envasado o la aplicación de brillo.

Producto elaborado no perecedero envasado
- Se trata de productos envasados en atmósferas modificadas, por tanto, su regeneración estará asociada a necesidades de oxigenación, teniendo presente en todo momento la naturaleza del producto ya que, al entrar en contacto con el aire, es posible que adquieran sabores rancios y texturas blandas.

Los productos listos para consumo deben ser tratados con la máxima cautela, ya que su contaminación supone un alto riesgo sanitario.

IMPORTANTE

El proceso de regeneración deberá respetar la cadena de frío y buscar, a su vez, el empleo de técnicas que minimicen los tiempos requeridos para el proceso.

APLICACIÓN PRÁCTICA

Alejandro, a lo largo de su jornada laboral en el obrador de la pastelería Francia, ha llevado a cabo las siguientes acciones:

- **Ha reajustado la temperatura en las cámaras de refrigeración, indicando como correcta una temperatura de 8 °C.**
- **Para la hidratación de unos frutos rojos liofilizados, ha dispuesto sobre una de las mesas del obrador un recipiente donde los ha introducido.**

Continúa en página siguiente >>

<< Viene de página anterior

- **Para cubrir las necesidades de elaboración de unos aperitivos salados, ha procedido a hornear de forma directa unas piezas de pan sin fermentar de las que disponía en el congelador.**
- **Rechaza la posibilidad de hacer unos *vol au vent*, dado que no dispone de masa de hojaldre y se requiere de esta elaboración en unos minutos.**

¿Sabrías determinar qué acción realizada por Alejandro se ha llevado de forma adecuada?

Solución

Dado que el proceso de hojaldrado es complejo, la decisión de Alejandro de no llevar a cabo esta elaboración es correcta, puesto que no puede ser realizada con otro tipo de masa. En relación a las otras acciones, hay que indicar que no son correctas, ya que:

- La temperatura de las cámaras de refrigeración deberá estar entre los 0 °C y los 6 °C.
- La rehidratación de los productos perecederos crudos deberá ser llevada a cabo en cámara frigorífica, a fin de no romper con la cadena de frío, así como evitar posibles contaminaciones.
- El proceso de regeneración y elaboración de los productos de pastelería - repostería deben contemplar las características del producto. En este caso, el producto debe ser regenerado en cámara de refrigeración, aplicando a su vez una correcta imposición ante las necesidades de fermentación.

- -

 TAREA 2

Raquel ha realizado una gran cantidad de crema pastelera que utilizará la próxima semana para abordar la multitud de elaboraciones que tiene solicitadas. Debido a su caducidad, esta crema debe ser conservada.

Describe qué aspectos debería tener presentes Raquel, así como el procedimiento que deberá llevar a cabo.

Justifica tu respuesta.

- -

14. Contenidos prácticos: elaboración de postres

☞ HILO CONDUCTOR

El obrador de pastelería Francia colabora con algunos de los restaurantes de la zona a fin de suministrarle los postres de su oferta. Dado el volumen de trabajo del obrador y la imposibilidad de suministrar dichas elaboraciones a algunos de los establecimientos, ha decidido realizar un recetario en el que se incluye la fórmula y proceso de elaboración que llevar a cabo. Algunas de las fórmulas son las presentadas a continuación.

La elaboración de postres requiere de un exhaustivo control en cuanto a ingredientes y métodos de elaboración, premisas que se describen en las denominadas **fichas técnicas de elaboración.**

La presentación de dichas fichas permite conocer tanto las indicaciones que llevar a cabo o ingredientes necesarios, como también necesidades de conservación, destino, número de raciones o piezas, la identificación de alérgenos, necesidades de servicio... Por tanto, la elaboración de postres conlleva el seguimiento de dichas fichas.

A continuación, y como ejemplo, se llevarán a cabo la presentación de algunas fórmulas y procesos de elaboración de algunos de los postres más significativos ordenados en base a los ingredientes y técnicas propias de elaboración, diferenciando entre:

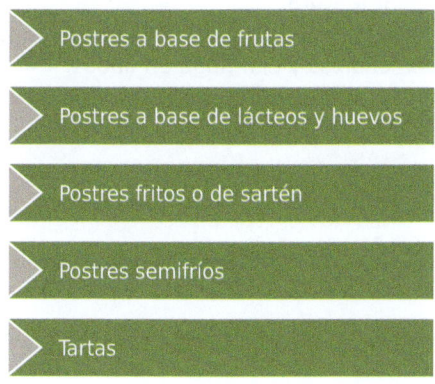

- Postres a base de frutas
- Postres a base de lácteos y huevos
- Postres fritos o de sartén
- Postres semifríos
- Tartas

14.1. Elaboración de postres a base de frutas

Tanto los tipos de fruta como las técnicas aplicadas para su cocinado y presentación, hacen que la variedad de postres basados en frutas sea exponencial, teniendo como nota común su colorido, aportado por la naturaleza del producto utilizado. Las técnicas de cocinado diferencian entre los postres con fruta cocinada y los que usan fruta fresca, siendo el más básico de ellos aquel que presenta simplemente la fruta lavada, pelada o no, y cortada. De forma esquemática, la clasificación de esta familia de postres diferencia entre los siguientes.

Postres con fruta fresca

Están compuestos básicamente de fruta, la cual solo sufre un proceso de preelaboración sencillo. Es decir, son postres donde se presentan frutas lavadas, peladas (o no) y cortadas de diversas formas y con la posibilidad de añadir distintos acompañamientos como pueden ser cremas, salsas, etc.

 **RECETA**

Ensalada de frutas
- **Ingredientes:** 100 g de manzana, 80 g de plátano, 80 g de fresas, 100 g de kiwi, 80 g de mango, 80 g de ciruelas, 30 g arándanos y 300 ml de zumo de naranja.
- **Elaboración:**

  - Lavar y pelar la fruta.
  - Cortar la manzana en gajos, el kiwi y el plátano en rodajas, las fresas y ciruelas en cuartos y el mango en dados.
  - Unir todos los ingredientes e incorporar el zumo de naranja.
  - Enfriar.

Continúa en página siguiente >>

<< Viene de página anterior

Ensalada de frutas

Postres con fruta cocinada

Las características de las frutas permiten su transformación con la aplicación de técnicas de cocción, admitiendo el horneado, hervido, o incluso, a la brasa o plancha. Su servicio podrá ser complementado con el servicio de cremas, helados, salsas...

 RECETA

Compota de membrillo

- **Ingredientes:** 1 kg de membrillo limpio, 150 g de azúcar, C/S de agua, C/S de canela en rama, C/S de clavo de olor, corteza de 1 limón.
- **Elaboración:**

  · Lavar, pelar y cortar el membrillo en trozos gruesos y regulares (debe resultar 1 kg de membrillo ya limpio y cortado).
  · Introducirlos en un recipiente alto y estrecho y añadir el azúcar, los aromatizantes y el agua hasta cubrir.
  · Llevar a ebullición y dejar cocer hasta que el membrillo resulte tierno.

Continúa en página siguiente >>

<< *Viene de página anterior*

Compota de membrillo

Postres de fruta con base de masa o pasta

Se trata de postres en los que la fruta queda integrada sobre o en una masa o pasta. Suelen ser representativas las elaboraciones con base de pasta quebrada, brisa, *sableux* y hojaldre.

RECETA

Hojaldre de frutas
- **Ingredientes:** 500 g de hojaldre, 500 ml de crema pastelera, 80 g de kiwis, 100 g de melocotón, 80 g de fresas, 50 g moras, C/S de gelatina de manzana y C/S de huevo.
- **Elaboración:**

  · Estirar el hojaldre si es necesario y cortar rectángulos y tiras para los bordes.

Continúa en página siguiente >>

<< Viene de página anterior

- Mojar con un poco de agua los bordes y colocar las tiras de masa.
- Pinchar el fondo del rectángulo, colocarle peso (sobre papel sulfurizado) y pintar los bordes con huevo si se desea.
- Cocer la masa en el horno a 230 ºC durante 20–30 minutos aproximadamente.
- Dejar enfriar.
- Lavar, pelar y cortar la fruta de la forma deseada.
- Escudillar sobre el hojaldre una capa de crema pastelera.
- Colocar encima la fruta de una forma armónica.
- Pintar con la gelatina de manzana y dejar enfriar.

Hojaldre de frutas

Postres con nombre propio

Se trata de postres que provienen del recetario clásico internacional, y en los que su composición y proceso de elaboración se mantienen intactos con el paso de los años. Son ejemplos al respecto el postre denominado banana *split* o los melocotones Melba.

 **RECETA**

Tarta Tatin

- **Ingredientes:** 1 kg de manzanas, 150 g de mantequilla, 150 g de azúcar, 250 g de masa de hojaldre.
- **Elaboración:**

  · Lavar, pelar y cortar las manzanas en mitades, retirándole las pepitas.
  · Poner al fuego la mantequilla y el azúcar.
  · Cuando empiece a caramelizar, añadir las manzanas y dorarlas.
  · Incorporar las manzanas y el caramelo en un molde redondo.
  · Cocer en el horno a 180 ºC durante 15 minutos.
  · Sacar, colocar encima una lámina de hojaldre, pinchar con un tenedor y hornear otros 15 minutos.
  · Desmoldar dándole la vuelta y servir caliente o templado.

Tarta Tatin

14.2. Postres a base de lácteos y huevos

Uno de los grupos de postres más destacados a la hora de dar por finalizada una comida es el grupo de los postres lácteos y postres con base de huevo.

Son innumerables los postres realizados a partir de estos ingredientes, pues no solo son servidos como elemento único, sino que además pueden ser servidos como complemento o acompañamiento de otros muchos, formando parte de tartas, bandas, postres de fruta, etc. Entre las elaboraciones representativas de este tipo de postres, son distintivos los que a continuación se exponen.

Arroz con leche y arroz emperatriz

Se trata de dos elaboraciones con base de arroz, indicándose que, en la segunda elaboración, la forma de corona y gelatina marcan su diferencia.

 **RECETA**

Arroz emperatriz
- **Ingredientes:** 125 g de fruta confitada, 50 g de licor de *kirsch*, 1 litro de leche, 1 vaina de vainilla, 180 g de arroz redondo, 25 g de mantequilla, 150 g de azúcar, 10 hojas de gelatina, 500 g de crema inglesa, 250 g de nata con 35 % materia grasa.
- **Elaboración:**

  - Infusionar la leche con la vaina de vainilla. Colar y reservar.
  - Poner la fruta confitada a macerar en los 50 g de licor de *kirsch*.
  - Poner la leche infusionada al fuego, añadir la mantequilla y el arroz, dejar cocer durante unos 20 minutos, incorporar a continuación el azúcar y la fruta escarchada junto con el licor, y dejar cocinar unos 5 minutos más.
  - Retirar del fuego y dejar atemperar.
  - Disolver la gelatina en agua fría e incorporar a la crema inglesa que estará tibia.
  - Incorporar ambos procesos formando una única preparación (arroz con leche + crema inglesa + gelatina).
  - Montar la nata junto con 30 g de azúcar.
  - Añadir la nata montada a la elaboración anterior.
  - Introducir en un molde con forma de corona y reservar en cámara frigorífica hasta que la gelatina haga efecto.

Continúa en página siguiente >>

<< Viene de página anterior

- Desmoldar con ayuda de agua caliente evitando que la elaboración pueda romperse.
- Se puede servir y presentar junto con fruta escarchada, frutos rojos, gelatinas, etc.

Arroz emperatriz

Flanes y puddings

Se trata de dos de los postres más significativos en los que se pueden incorporar distintos ingredientes que le dan nombre como flan de queso, flan de batata, *pudding* de chocolate...

El *pudding* tiene como elemento representativo el uso de bizcochos y frutas en almíbar o maceradas, que son incorporadas al molde de cocción.

RECETA

Pudding diplomático
- **Ingredientes:** 1 l de leche entera, 1 zeste de limón, 1 astilla de canela, 8 huevos, 50 g de bizcocho soletilla, 40 g de pasas maceradas al ron, 30 g

Continúa en página siguiente >>

<< *Viene de página anterior*

de piña en almíbar, 30 g de melocotón en almíbar, 200 g de azúcar, 150 g de azúcar para caramelo.

- **Elaboración:**

  - Poner a infusionar la leche junto con la astilla de canela y el zeste de limón.
  - Dejar reposar y pasar por un chino, eliminando posibles restos.
  - Cascar los huevos, incorporarlos en un bol, pasándolos previamente por un chino, para eliminar la chalaza.
  - Añadir el azúcar (200 g) a los huevos, formando una carga.
  - Realizar un caramelo a 160 ºC con los 150 g de azúcar, verter en los moldes caramelizándolos.
  - Poner al mismo tiempo el bizcocho troceado y la fruta en almíbar, junto con las pasas bien escurridas.
  - Mezclar la leche infusionada junto con la carga, moviéndola hasta obtener una mezcla homogénea.
  - Verter en los moldes y poner a cocer al baño maría durante 45 minutos a una temperatura de 110 ºC, con cuidado de que el agua del baño maría no hierva, obteniendo un *pudding* sin burbujas y con una textura fina.
  - Para servir debe ser desmoldado, y se recomienda cortar en forma transversal, que permitirá ver el bizcocho y la fruta del interior. Se suele acompañar con crema, nata montada, etc.

Pudding diplomático

Natillas

Tratándose de un postre con base de huevo, la principal diferencia entre esta elaboración y el flan, es el sistema empleado en su cocción. Tradicionalmente, incorporan ingredientes como chocolate, especias o quesos, y pueden ser guarnecidos con elementos como las galletas.

 **RECETA**

Natillas
- **Ingredientes:** 1 l de leche entera, 200 g de azúcar, 4 huevos, 40 g maicena, 1 zeste de limón, 1 astilla de canela y 1 vaina de vainilla.
- **Elaboración:**

  · Poner a infusionar la leche junto con la canela, la vainilla y el zeste de limón.
  · Dejar reposar y pasar por un chino, eliminando los elementos aromáticos.
  · Añadir la mitad del azúcar a la leche, añadiendo el resto de azúcar a los huevos y la maicena, realizando una carga.
  · Al baño maría poner la carga, añadiendo a continuación la leche infusionada junto con el azúcar.
  · Cocer hasta obtener la textura deseada, teniendo en cuenta que la temperatura de cocción no debe pasar los 80 ºC para evitar que la elaboración se corte.
  · Una vez cocidas, verter en el recipiente de servicio, incorporando si se desea una galleta en la parte superior.

Crema catalana

Es un postre con base láctea a la cual se adiciona de azúcar para su quemado justo antes de su servicio, creando una capa crujiente en su superficie.

RECETA

Crema catalana

- **Ingredientes:** 1 l de leche entera, 6 yemas de huevo, 200 g de azúcar, 100 g de azúcar para quemar, 80 g de harina fina de maíz tipo maicena, 1 vaina de vainilla, 1 zeste de limón y 1 astilla de canela.
- **Elaboración:**

  - Poner a infusionar la leche junto con los elementos aromáticos (zeste de limón, canela y vainilla), dejando un reposo de unos 10 minutos.
  - Realizar una carga con las yemas de huevo, los 200 g de azúcar y la harina de maíz.
  - En un baño maría poner la carga, asegurándose de que no tenga grumos y sea una mezcla homogénea, añadiendo a continuación la leche.
  - Mover con varilla y espátula de madera hasta obtener la textura deseada, teniendo en cuenta que la mezcla no debe pasar los 80 ºC de temperatura.
  - Una vez cocida, poner en el recipiente de servicio (normalmente en cazuela de barro), pues al enfriar, la elaboración toma cuerpo.
  - En el momento de servir, añadir el azúcar en su superficie, quemándola a continuación, bien con pala de quemar o soplete.

Crema catalana

Soufflé de crema

El *soufflé* de forma general puede ser concebido como una elaboración dulce o salada, según el ingrediente del que es adicionado, siendo habitualmente aromatizado con algún licor. En el caso del *soufflé* de crema, se trata de una elaboración dulce, que en rasgos generales tiene una base de crema pastelera (aromatizada o no) a la que se le adicionan claras montadas a punto de nieve.

 **RECETA**

Soufflé de crema
- **Ingredientes:** 1 l de leche entera, 6 yemas de huevo, 200 g de azúcar, 75 g de harina, 50 g de maicena, 1 zeste de limón, 1 astilla de canela, 1 vaina de vainilla, 10 claras de huevo y 150 g de azúcar.
- **Elaboración:**

  · Poner la leche a infusionar junto con la canela, la vaina de vainilla y el zeste de limón. Colar por el chino y reservar.
  · Hacer una carga con las 6 yemas, los 200 g de azúcar, la harina y la maicena. Moviéndolo con varilla hasta resultar una pasta sin grumos.
  · Añadir la carga a la leche y llevar al fuego. Cocer moviendo con varilla y pala hasta obtener el espesor indicado. Reservar tapada con el fin de que no cree costra en su parte superior.
  · Por otro lado, montar las claras junto con los 150 g de azúcar como si de un merengue se tratara.
  · Adicionar de forma envolvente las claras a la crema pastelera una vez fría.
  · Pintar los moldes con grasa y espolvorear con azúcar, añadiendo la crema obtenida, no superando las 3/4 partes del molde.
  · Poner en horno precalentado a 220 ºC durante 15 o 20 minutos hasta obtener el color y la consistencia deseados.
  · Sacar del horno, espolvorear con azúcar glas y servir de inmediato.

Continúa en página siguiente >>

<< Viene de página anterior

Soufflé de crema

Tortillas: al ron, Alaska y *soufflé*

Las elaboraciones conocidas como "tortillas", ya sean al ron, Alaska, *soufflé,* etc., deben su nombre a la forma característica que poseen de media luna. En su elaboración intervienen ingredientes básicos como el huevo y la leche, que adicionándolos con otros como licores, cremas emulsionadas o cremas ligeras darán una u otra elaboración.

 RECETA

Tarta Alaska
- **Ingredientes:** 2 planchas de bizcocho soletilla de 20 × 10 cm en forma ovalada, 1 pieza de helado de vainilla de 12 × 7 × 4 cm en forma ovalada, 75 ml de almíbar, 120 g de fruta en almíbar o escarchada, 75 ml de ron negro, 3 claras de huevo y 100 g de azúcar.
- **Elaboración:**

  · Disponer sobre un plato o fuente ovalada uno de los bizcochos soletilla. Calar con la mitad del almíbar y espolvorear con la mitad de la fruta escarchada.
  · Poner a continuación la pieza de helado, espolvoreando de nuevo con el resto de fruta escarchada.

Continúa en página siguiente >>

<< Viene de página anterior

- Tapar con el bizcocho soletilla restante. Calar a continuación y reservar en el congelador.
- Realizar un merengue con las 3 claras de huevo y los 100 g de azúcar, introduciéndolo en una manga con boquilla rizada.
- Sacar del congelador la tarta montada y cubrir con el merengue, pudiendo hacer figuras que realcen la presentación.
- Una vez presentado al cliente, rociar con el ron caliente, quemándolo a continuación para obtener un bonito color dorado en el merengue.

Tarta Alaska

14.3. Postres fritos o de sartén

Elaborados a partir de masas más o menos fluidas, se caracterizan por la forma dada y proceso de cocción aplicado. Por un lado, los denominados como fritos, usan el aceite como el elemento que transmite el calor aportándole unas características excepcionales y únicas. Por su parte, los denominados como postres de sartén, se cuecen de forma directa en el recipiente de cocción que normalmente se engrasa previamente.

Son muchas las elaboraciones realizadas bajo esta técnica, destacando las siguientes:

Postres fritos
- Torrijas
- Leche frita

Postres de sartén
- *Crêpes*
- Tortitas americanas

Torrijas

Se considera un postre frito. No obstante, la tradición de ciertas zonas hace que pueda incluirse como postre de sartén, quedando marcado sobre esta en el proceso de elaboración.

De una u otra forma, este postre se caracteriza por partir de un pan tipo *brioche,* empapado, al que se aplica una fuente de calor que selle su superficie.

 **RECETA**

Torrija
- **Ingredientes:** 500 g de pan de *brioche,* 300 ml de leche, 50 g de azúcar, C/S de canela en rama, C/S de corteza de limón, C/S de harina, C/S de huevo, C/S de aceite de oliva, 75 g de miel y 40 ml de agua.
- **Elaboración:**

  - Infusionar la leche con la canela en rama, la corteza de limón y el azúcar y dejar templar.
  - Poner al fuego la miel y el agua hasta homogeneizar y dejar enfriar.
  - Cortar el pan en rebanadas gruesas.
  - Sumergir las rebanadas en la leche, sacarlas y ponerlas en una candilera a escurrir el sobrante.
  - Pasarlas por harina y huevo y freírlas en el aceite de oliva.
  - Disponer sobre papel absorbente para eliminar el exceso de grasa.
  - Todavía calientes, pasarlas por la miel.

Continúa en página siguiente >>

<< Viene de página anterior

Torrijas

Leche frita

Se trata de un postre con base láctea que pasa por la gran fritura para su cocinado final.

 RECETA

Leche frita

- **Ingredientes:** 350 g de huevo, 1 l de leche, 150 g de azúcar, 75 g de maicena, C/S de canela en rama, corteza de limón, aceite de oliva, azúcar y canela molida.
- **Elaboración:**

  · Infusionar la leche con la canela y el limón y reservar una pequeña parte de la leche en frío.
  · Unir los huevos con el azúcar, la maicena y la leche reservada y mezclar bien.
  · Poner a fuego medio-bajo y mojar con la leche.
  · Dejar cocer, sin parar de mover, hasta que adquiera consistencia espesa.
  · Verter en un molde bajo, cubierto por papel film y tapar con este para que no cree costra.
  · Enfriar hasta que se pueda manejar bien.

Continúa en página siguiente >>

<< Viene de página anterior

- Cortar con la forma deseada.
- Pasarlos por harina y huevo y freír en el aceite de oliva.
- Disponer sobre papel absorbente para eliminar el exceso de grasa.
- Todavía calientes, pasarlos por una mezcla de azúcar y canela.

Leche frita

Crêpes

Es uno de los postres de sartén por excelencia con forma de oblea al que se le incorporan distintos ingredientes como mermeladas, cremas, merengues, chocolates..., incluso, se toma como base de elaboraciones con nombre propio como son los denominados crepes *suzettes*.

RECETA

Obleas de crepes
- **Ingredientes:** 250 g de harina, 50 g de azúcar, 200 g de huevo, 500 ml de leche, 50 g de mantequilla, 1 pizca de sal.
- **Elaboración:**

  - Derretir la mantequilla.
  - Unificar todos los ingredientes intentando que no quede ningún grumo.

Continúa en página siguiente >>

<< Viene de página anterior

- Dejar reposar en frío durante 1 hora.
- Engrasar la sartén y poner al fuego.
- Verter un cacillo de masa en la sartén y darle movimientos circulares para que cubra toda su superficie, procurando que quede de un grosor muy fino.
- Cocer durante 2 minutos.
- Darle la vuelta y cocer por la otra cara.
- Desechar la primera oblea y continuar con el mismo procedimiento.
- Rellenar, darle forma y acompañar con el elemento deseado.

Crêpes

Tortitas americanas

Se trata de tortitas elaboradas a partir de una masa consistente que facilitará mayor grosor que el observado en las *crêpes*. De sabor neutro suele ser adicionada para su servicio de ingredientes como mermeladas, cremas...

RECETA

Tortitas americanas
- **Ingredientes:** 300 g de harina, 25 g azúcar glas, 100 g de huevo, 400 ml de leche, 25 g de mantequilla, 10 g de gasificante y C/S de esencia de vainilla.

Continúa en página siguiente >>

<< Viene de página anterior

- **Elaboración:**

  - Derretir la mantequilla.
  - Unificar todos los ingredientes intentando que no quede ningún grumo.
  - Dejar reposar en frío durante 1 hora.
  - Verter un cacillo de masa sobre una plancha caliente y ligeramente engrasada, intentando que adquiera forma redonda y unos 10 cm de diámetro.
  - Cocer durante 3−4 minutos.
  - Darle la vuelta y cocer por la otra cara.
  - Acompañarla con los elementos deseados.

Tortitas americanas

14.4. Postres semifríos

Los semifríos pueden describirse como aquellas elaboraciones dulces que, por sus ingredientes y texturas gelificantes, posibilitan un consumo a temperatura de refrigeración (entre 2 °C y 8 °C), y no presentan formación de cristales causados por la congelación.

Entre sus ingredientes básicos cabe enumerar: el bizcocho, la crema de leche o nata, los aditivos de sabor y color, los concentrados de frutas o pulpas y los agentes gelificantes.

En base a sus características dentro de esta familia de postres, es posible diferenciar entre los siguientes.

Bavarois

La *bavarois* es un postre servido frío, realizado con base de crema, frutas o licores, que lleva nata o crema de leche para su emulsión y gelatina para obtener la consistencia necesaria para su moldeado y servicio. En base a la naturaleza del ingrediente que le aporta sabor, es posible diferenciar entre *bavarois* de crema, de fruta o de licor.

 **RECETA**

Bavarois de fresa y lima

- **Ingredientes:** 500 g de puré de fresa, 500 ml de almíbar de hebra fuerte, 10 hojas de gelatina, 10 ml de jugo de lima, 500 ml de nata con 35 % materia grasa.
- **Elaboración:**

  - Diluir la gelatina en agua fría e incorporar al jarabe de hebra fuerte. Mover hasta diluir.
  - Turbinar el puré de fresa junto con el zumo de la lima, reservando las pieles.
  - Unir el jarabe una vez atemperado (20 ºC) junto con el puré de fresa y lima.
  - Semimontar la nata adicionándola a continuación con el puré. Mover de forma envolvente hasta obtener una mezcla homogénea.
  - Reservar en molde untado con grasa hasta obtener una textura compacta.
  - Servir desmoldado, adicionándolo en su superficie con la ralladura de la piel de la lima.

Continúa en página siguiente >>

<< Viene de página anterior

Bavarois de fresa y lima

Carlota

Otro de los postres considerado como semifrío son las carlotas (también conocidas como *charlotte* o *charlota).* Su elaboración no dista en procedimientos a su análoga *bavarois,* introduciendo en su elaboración y presentación el bizcocho, que permite la realización de una *bavarois* con un porcentaje menor de elementos gelificantes.

RECETA

Carlota de mango
- **Ingredientes:** 500 g de puré de mango, 500 ml de almíbar de hebra fuerte, 7 hojas de gelatina, 500 ml de nata del 35 % materia grasa, 1 plancha de bizcocho soletilla, C/S de almíbar aromatizado.
- **Elaboración:**

  · Diluir la gelatina en agua fría e incorporar al almíbar de hebra fuerte. Mover hasta diluir.
  · Turbinar el puré de mango.
  · Unir el jarabe una vez atemperado (20 ºC) junto con el puré de mango.
  · Semimontar la nata juntándola a continuación con el puré. Mover de forma envolvente hasta obtener una mezcla homogénea.

Continúa en página siguiente >>

<< Viene de página anterior

- Forrar el molde con los bizcochos soletilla y calar con el almíbar aromatizado.
- Llenar el molde formado con la crema y dejar reposar en cámara frigorífica hasta obtener la textura deseada.
- Servir, pudiéndolo adicionar con dados de mango.

Carlota de mango

Espuma o *mousse*

Las espumas o *mousses* (termino francés) son elaboraciones dulces o saladas, realizadas a partir de una base cremosa o no *(mousse* de frutas), que es adicionada con claras batidas o nata montada, adquiriendo una textura esponjosa. El procedimiento de elaboración a llevar a cabo para la obtención de estos preparados no responde a una única fórmula, sino que según la técnica empleada y la formulación establecida se pueden considerar: *mousses* realizadas a partir de pasta bomba, *mousses* realizadas a partir de crema inglesa, *mousse* de chocolate cruda y *mousse* de frutas.

RECETA

Mousse **de chocolate (a partir de pasta bomba)**

- **Ingredientes:** 350 g de yema de huevo, 125 g de azúcar, 60 ml de agua, 500 g de cobertura de chocolate al 75 %, 1 l de nata al 35 % de materia grasa.
- **Elaboración:**

  · Poner las yemas en un bol redondo, sobre baño maría, moviendo con varilla hasta conseguir que las yemas tripliquen su volumen inicial.
  · Realizar un jarabe de hebra fuerte (110–114 ºC) con el azúcar y el agua.
  · Fundir el chocolate.
  · Semimontar la nata.
  · Unificar poco a poco con ayuda de una varilla el jarabe junto con las yemas, añadiendo a continuación el chocolate.
  · La pasta resultante debe ser añadida sobre la nata semimontada, siempre recogiendo la nata de fuera hacia dentro, con la ayuda de una paleta.
  · Unificar hasta obtener una emulsión homogénea. Dejar reposar en cámara frigorífica hasta su uso.

Mousse de chocolate

14.5. Tartas

Las tartas son elaboraciones de pastelería realizadas a partir de una o varias **capas de masa o pasta** (generalmente algún tipo de masa batida) y completadas con **rellenos y coberturas.** Su clasificación puede regirse por los ingredientes que incluyen tanto de relleno como de cubierta, así como en base al nombre propio dado por tradición o por su forma característica. A continuación, se muestran algunas elaboraciones singulares que permiten obtener una base sobre las necesidades generales de elaboración.

 **RECETA**

Tarta de moka

Se trata de una tarta con base de crema de mantequilla, cuyos ingredientes y proceso de elaboración indica los siguientes pasos:

- **Ingredientes:** 1 plancha de bizcocho, 250 g de mantequilla, 100 g de azúcar, 2 claras de huevo, 15 g de café soluble, C/S de almíbar para calar bizcocho.
- **Elaboración:**

  · Poner el azúcar al fuego y llevar hasta el punto de bola floja (114−118 ºC).
  · Montar las claras a punto de nieve.
  · Ir añadiendo el almíbar en forma de hilo y seguir batiendo hasta que la preparación esté fría y tenga consistencia, de manera que se formen puntas al sacar la varilla.
  · Mezclar con la mantequilla en pomada.
  · Ir añadiendo y mezclando el café hasta homogeneizar.
  · Poner una capa de bizcocho y calar con el jarabe.
  · Extender encima una capa de crema de moka.
  · Repetir esta operación una vez más, terminar con una capa de bizcocho y calar.
  · Cubrir la tarta con la crema y dejar enfriar.
  · Realizar las decoraciones deseadas.

<< Viene de página anterior

Tarta de moka

RECETA

Tarta selva negra

Se trata de una tarta de chocolate y cerezas en la que el porcentaje de azúcares es bajo, lo que la hace más ligera. Sus ingredientes y proceso de elaboración es el siguiente:

- **Ingredientes:** 1 plancha de bizcocho de chocolate, 500 ml de nata al 35 % de materia grasa, 50 g de azúcar, C/S de cerezas glaseadas o guindas, C/S de jarabe aromatizado con licor de cerezas y C/S de virutas de chocolate.
- **Elaboración:**

  · Montar la nata con el azúcar.
  · Formar la tarta, obteniendo dos capas de bizcocho (calado) y que quede en medio una capa de nata y cerezas.
  · Cubrir la tarta con la nata y decorar con virutas de chocolate y cerezas.

Continúa en página siguiente >>

<< Viene de página anterior

Tarta negra

RECETA

Tarta de Santiago

Se trata de una tarta de almendras, huevos y azúcar, que tras su horneado va glaseada con azúcar glas, mostrando una forma de cruz característica. Sus ingredientes y proceso de elaboración es el siguiente:

- **Ingredientes:** 250 g de almendra marcona cruda entera, 250 g de azúcar, 4 huevos, C/S de canela molida, ralladura de 1/2 limón y C/S de azúcar glas.
- **Elaboración:**

  - Moler la almendra en moliendas diferentes. La mitad muy molida, convertida en harina y la otra mitad un poco más gruesa para que se note al comer.
  - Precalentar el horno a 160 ºC, cuando esté caliente meter la almendra y dejar 10 minutos dentro del horno a altura media removiéndola un par

Continúa en página siguiente >>

<< Viene de página anterior

de veces para que pierda un poco de humedad, pero sin que se llegue a poner morena. Retirarla del horno y dejarla enfriar.

- A continuación, añadir a la almendra molida un poco de canela molida y la ralladura del 1/2 limón.
- Tener el horno a 180 °C, calor arriba y abajo, preparado para cuando vayamos a ponernos a hacerla.
- Aparte, batir el azúcar con los huevos de incorporarlos uno a uno hasta que blanqueen un poco.
- Añadir la almendra, a la que habremos incorporado la canela y el limón, pero sin batir, mezclando con cuidado, ya con una espátula.
- Engrasar el molde y recortar un papel de horno a modo de oblea, engrasar también el papel. Poner la masa de la tarta por encima.
- Hornear de 25 a 30 minutos.
- Espolvorear con azúcar glas poniendo un patrón de la cruz de Santiago sobre la tarta para obtener su figura al retirarla.

Tarta de Santiago

15. Resumen

La actividad del obrador de pastelería requiere de una organización precisa en la que se deberá asegurar el correcto aprovisionamiento y regeneración de materias primas, y dejarlas dispuestas para el desarrollo de las elaboraciones que llevar a cabo, acción que se conoce como *mise en place*.

Este concepto, así como el resto de terminología propia de la profesión, debe ser dominado por todos los miembros de la brigada a fin de agilizar la descripción de las tareas que afrontar. Así, términos como glasear, heñir, napar, lustrar o enfondar, deben ser conocidos, al igual que los puntos de cocción del azúcar, que son:

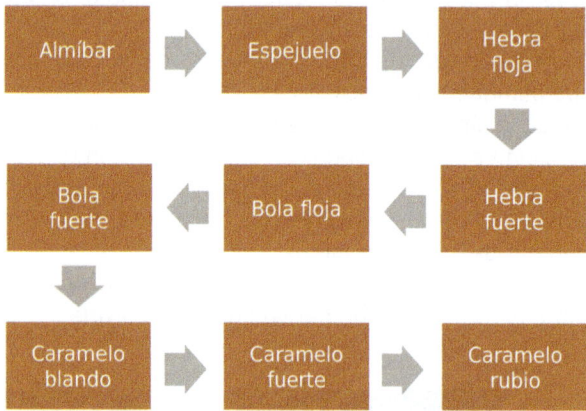

En el ámbito de la pastelería, además de dominar la terminología propia de la profesión, es necesario tener práctica en torno a operaciones y técnicas tales como: tamizar, batir, amasar o voltear, acciones necesarias en base al desarrollo de elaboraciones o producto como son:

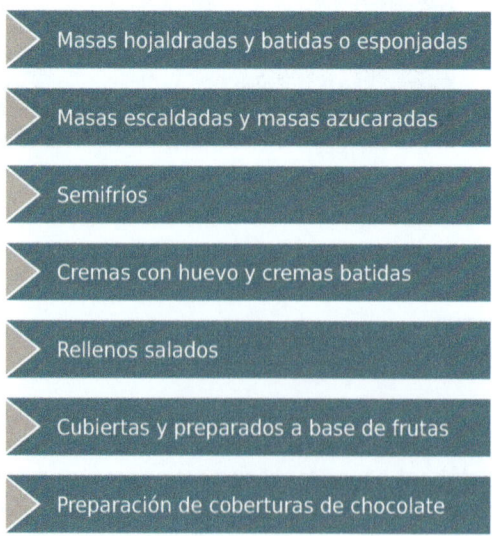

Cada una de las elaboraciones presentadas, además de indicar un proceso propio y característico, requiere de la aplicación de técnicas de frío, diferenciando en el caso de la pastelería entre:

Además, será necesario conocer los sistemas y métodos de conservación y regeneración de los distintos productos, pudiendo diferenciar, entre otros, los procesos dirigidos a:

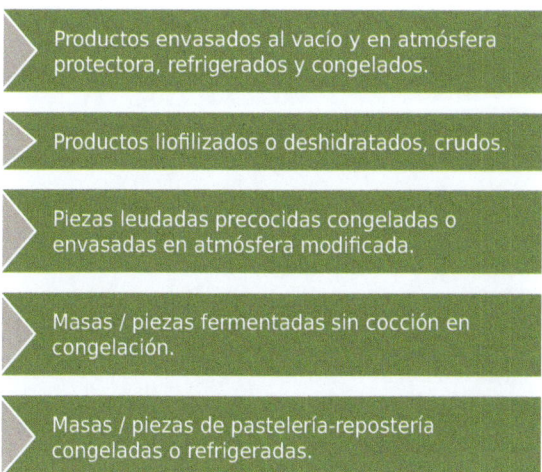

Ejercicios de autoevaluación
Unidad de Aprendizaje 1

1. En el ámbito de la pastelería, el término "bolear" hace referencia a:

    a. Añadir a un almíbar con punto un producto ácido a fin de evitar que se empalice.
    b. Bañar o calar una elaboración con almíbar aromatizado o con algún licor.
    c. Deshidratar una sustancia o preparación al fuego por evaporación.
    d. Trabajo con piezas de masa leudada a fin de eliminar bolsas de aire irregulares, así como facilitar una forma redonda y lisa.

2. Un almíbar de hebra floja indica como rango de temperatura en su cocción de:

    a. Entre 105 y 108 °C.
    b. Entre 110 y 114 °C.
    c. Entre 122 y 126 °C.
    d. Entre 146 y 150 °C.

3. El chocolate negro requiere para su primera fase de atemperado una temperatura de:

    a. 45 – 50 °C.
    b. 31 – 32 °C.
    c. 26 – 27 °C.
    d. 50 – 55 °C.

4. Identifica cuál o cuáles de los siguientes ingredientes están presentes en la elaboración del amasijo de un hojaldre común.

    a. Mantequilla
    b. Harina, agua y sal
    c. Harina y mantequilla
    d. Harina, agua y azúcar

5. La crema *saint-honoré,* la crema muselina o la crema diplomática tiene como base:

    a. Crema inglesa
    b. Crema *chantilly*
    c. Crema de yema
    d. Crema pastelera

6. El proceso de blanqueado asociado a la confección de bases para bizcochos, cremas, etc., se llevará a cabo:

    a. Al vapor
    b. Al baño maría
    c. En horno seco
    d. En horno mixto

7. Los pralinés deberán incluir en su formulación en cuanto al porcentaje de frutos secos...

    a. ... el 30 %.
    b. ... el 40 %.
    c. ... el 50 %.
    d. ... el 60 %.

8. En la composición de la cobertura de chocolate con leche, se indica que la pasta de cacao estará en una proporción del:

    a. 25 y 40 %
    b. 75 %
    c. 40 y 55 %
    d. 80 %

9. La regeneración de productos liofilizados o deshidratados crudos, se llevará a cabo:

    a. En refrigeración
    b. A temperatura ambiente
    c. El vapor
    d. En horno seco

10. De entre los siguientes, identifica cuáles son ingredientes propios del *pudding* diplomático:

    a. Bizcocho soletilla

    b. Pasas maceradas

    c. Fruta en almíbar como piña y melocotón

    d. Todas las opciones son correctas.

Conocimiento de ofertas de pastelería, aprovisionamiento interno y control de consumos

Contenido

Objetivos

El objetivo general de esta unidad de aprendizaje es:

→ Definir ofertas sencillas de repostería, teniendo presente el correcto aprovisionamiento y control de consumos.

Los objetivos específicos de esta unidad de aprendizaje son:

→ Categorizar las empresas de pastelería.

→ Distinguir los tipos de productos de pastelería.

→ Identificar documentos utilizados en la gestión del aprovisionamiento interno.

→ Determinar los tipos de costes y métodos de valoración de existencias.

→ Enunciar los sistemas o métodos aplicados a la gestión de control de calidad en pastelería.

1. Introducción

El ámbito de la pastelería está representado por distintos tipos de establecimientos y fórmulas organizativas a fin de concebir aspectos económicos y funcionales, así como de planificación y diseño.

El aprovisionamiento interno es uno de los procesos más importantes y significativos en toda organización de pastelería, por lo que el diseño y manejo de los registros documentales toma una especial importancia, dado que permite detectar necesidades de géneros, preelaboraciones y elaboraciones básicas, así como gestionar de forma adecuada el *stock* y la distribución en las distintas áreas.

El cálculo de los costes y los métodos designados para la fijación de precios es otro de los elementos determinantes en la gestión de una pastelería, permitiendo la viabilidad del establecimiento. Al igual que la responsabilidad adquirida en cuanto a la búsqueda de una correcta nutrición y dietética sobre la oferta brindada, siendo necesario conocer los grupos de alimentos, así como la aplicación de unos principios dietéticos adecuados.

En cuanto al aseguramiento de la calidad que perseguir en el ámbito de la pastelería, es necesario tener presentes los programas ideados, representados por, entre otros, la aplicación de técnicas de autocontrol, como puede ser el asociado con el análisis de peligros y puntos de control críticos (APPCC).

Para dar una mayor practicidad a este contenido se continuará poniendo como ejemplo los casos a los que se enfrenta Raquel en torno a las necesidades de aprovisionamiento y control de consumos en el obrador de la pastelería Francia.

2. Empresas de pastelería

 **HILO CONDUCTOR**

La pastelería Francia está encuadrada bajo la Clasificación Nacional de Actividades Económicas como "pastelería tradicional", es decir, el establecimiento integra el obrador y la tienda donde se vende u ofrece el producto. Esta venta

Continúa en página siguiente >>

<< Viene de página anterior

directa genera confianza en el cliente, por lo que sus ventas se mantienen e incluso aumentan a pesar de la fuerte competencia de su entorno, en el que se encuentran grandes superficies y distribuidores de pastelería al por mayor.

El desarrollo de la actividad relacionada con la pastelería está regulado por normativa y, por tanto, la organización y distinción de las diferentes empresas permiten diferenciar, a grandes rasgos, entre las destinadas al comercio al por menor y las grandes fábricas o industrias.

 PARA SABER MÁS

Puedes consultar la normativa que muestra la Clasificación Nacional de Actividades Económicas, accediendo aquí:

https://redirectoronline.com/inaf020po0201

A su vez, esta organización facilita una especialización mayor, diferenciando entre:

Pastelería tradicional
- Establecimiento que integra el obrador o taller y la tienda donde se vende u ofrece el producto.

Continúa en página siguiente >>

<< Viene de página anterior

Pastelería industrial
- Local en el que la producción está automatizada y los procesos manuales son reducidos a pequeños detalles. La reformulación de ingredientes y procesos se deben adaptar a las normas de calidad, envasado, etiquetado y distribución.

Distribuidor de pastelería
- Persona o entidad que se encarga de comercializar los productos de pastelería a todo tipo de establecimientos de venta o consumo.

Establecimientos con oferta de productos de repostería
- Contemplando la venta de cualquier producto o servicio, estos establecimientos ofrecen y venden cualquier tipo de producto de pastelería suministrado por un distribuidor.

Establecimientos especializados
- Se trata de establecimientos especializados en la comercialización de un producto principalmente, pudiéndose complementar con otro tipo de oferta. Un ejemplo son las churrerías, panaderías, buñolerías, cruasanterías...

Los establecimientos de pastelería tradicional muestran una gran transformación, viendo como su producción se mecaniza y sale, reconvirtiéndose en establecimientos de venta aprovisionados por distribuidores. (© Fotografía: zhu difeng / Shutterstock.com)

3. Ofertas de pastelería

☞ HILO CONDUCTOR

La venta de productos de confitería en la pastelería Francia es muy baja, por lo que se ha pensado en apostar de forma directa por los productos de bollería y masas finas, de entre las que destaca el *croissant*, muy demandado dada la amplia variedad de rellenos y cubiertas que muestra.

- -

Un establecimiento en el que se comercialicen productos de pastelería y repostería, ya sea de fabricación propia o no, debe tener claro cuáles van a ser los elementos que compondrán su oferta gastronómica, ya que dicha oferta dice mucho de la empresa y de lo que hay detrás de ella, mostrando la potencialidad del negocio.

En el ámbito de la pastelería, esta oferta permite diferenciar entre los siguientes productos:

⮞ **Productos de confitería:** elaboraciones cuyo ingrediente principal en su formulación es el azúcar que, junto con otros ingredientes, hace que se obtengan productos como bombones, caramelos, turrones, etc.

Bombones

⮞ **Productos de bollería y masas finas:** elaboraciones cuyo ingrediente principal es la harina, complementada, eso sí, con otros ingredientes como: agua, leche, levadura, huevos...; pudiendo requerir o no fermentación, siendo cocidas, horneadas o fritas. Son característicos el *croissant,* las caracolas, napolitanas...

Croissant

‣ **Productos de pastelería y repostería:** es el grupo más numeroso y variado. En su elaboración no destaca un ingrediente sobre otro, sino que es la mezcla de todos lo que permite obtener diferentes elaboraciones, incluyendo como más representativas los hojaldres, bizcochos, pastas, etc. Sus ingredientes comunes de elaboración suelen ser las féculas y harinas, acompañadas de huevos, mantequillas y/o aceites, azúcares, etc.

Tartas y pasteles

‣ **Productos salados:** algunas de las principales elaboraciones saladas son las empanadas, quiches, cocas mallorquinas, etc. Estos productos salados, por tener procesos de elaboración similar a los productos de pastelería y por utilizar el mismo tipo de maquinaria para ello, han pasado a formar parte de la oferta elaborada por el obrador.

Sus ingredientes comunes son la harina, acompañada de elementos como huevo, grasa y/o agua, junto con concentrados de jugos o purés.

Tartaletas o quiches

⊃ **Otros productos:** otros de los productos que pueden ampliar la oferta de repostería son: helados, confituras, mermeladas y jaleas, gelatinas, cremas de frutas, y frutas confitadas y escarchadas.

4. Aprovisionamiento interno

☞ HILO CONDUCTOR

La organización interna del obrador de la pastelería Francia indica como días para llevar a cabo la recepción de mercancías los martes y jueves de 09:00 a 11:00. Esto permite establecer niveles de *stock* máximos muy bajos, lo que posibilita una gran rotación de la mercancía, al mismo tiempo que facilita minimizar los gastos asociados al mantenimiento de la mercancía en el establecimiento. A su vez, el horario indicado no infiere en los procesos de elaboración, por lo que reduce los gastos de personal.

El aprovisionamiento de productos en las empresas de pastelería está considerado como uno de los pilares y principales eslabones para la elaboración de los productos que comercializar. Dicho aprovisionamiento puede ser tanto externo como interno, atendiendo a la naturaleza de las necesidades, así como a la organización de la empresa.

Haciendo referencia al aprovisionamiento interno, cabe destacar el Departamento de Economato y Bodega, que deberá contar con un ciclo de compra donde, partiendo de una buena organización documental, una correcta lógica del proceso de aprovisionamiento y un sistema de control de *stocks*, concretará de forma precisa cualquier necesidad, traslado, almacenamiento y formalización, tanto de su área interna (economato y bodega), como de las distintas áreas de servicio.

4.1. El ciclo de compra

El Departamento de Economato y Bodega será el responsable de la gestión del aprovisionamiento interno, facilitando los productos requeridos sin interrumpir la cadena de trabajo o la reformulación de las fórmulas establecidas. Esto requiere imponer un ciclo de compra en base a los siguientes principios:

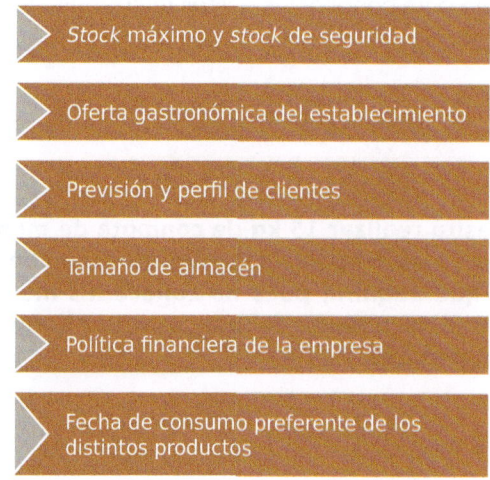

Stock máximo y *stock* de seguridad

Oferta gastronómica del establecimiento

Previsión y perfil de clientes

Tamaño de almacén

Política financiera de la empresa

Fecha de consumo preferente de los distintos productos

A su vez, es necesario tener presente el uso de un registro documental en el que destacan los siguientes: vales internos de economato, *transfers*, partes diarios de pedidos y reporte de compras diarias, así como los documentos de escandallo, fichas técnicas de elaboración y relevé. Estos documentos se describen como:

- **Vale de economato:** documento utilizado para retirar un artículo del economato. Su gestión indica la necesidad de firma de los responsables del economato y en este caso del maestro obrador.
- ***Transfers:*** documento utilizado para intercambiar productos entre distintas partidas, no incluyendo al Departamento de Economato.
- **Parte diario de pedidos:** se trata de un documento en el que se reflejan los pedidos realizados durante un periodo determinado.
- **Escandallos:** documento que permite conocer la merma de los productos adquiridos y, por tanto, conocer la cantidad de materias primas requeridas para la elaboración y el precio final del producto.
- **Fichas técnicas de elaboración:** ficha en la que se reflejan los escandallos de las elaboraciones, el montaje, curiosidades, notas, destino de la elaboración, etc., es decir, todos los datos relacionados con una elaboración.
- **Relevé:** documento en el que se refleja el consumo diario del departamento, por tanto, se partirá de la descripción de un inventario inicial al que se añadirán las entradas de género efectuadas en el día y restando el *stock* final.
- **Inventario periódico:** se trata de un documento en el que se incluye cada una de las referencias solicitadas, agrupadas por familias, reflejando las existencias que se encuentran en el momento de control.
- **Reporte de compras diarias:** documento interno del Departamento de Economato para conocer los gastos realizados a lo largo del día.

 ## APLICACIÓN PRÁCTICA

Raquel necesita realizar 15 kg de compota de membrillo. Ella conoce la fórmula para su elaboración, pero no sabe cuántos kilos de membrillo tiene que adquirir, pues no conoce las mermas reales de este producto. ¿Qué documento deberá consultar Raquel para afrontar con seguridad el pedido?

Solución

Raquel deberá consultar el escandallo.

El escandallo facilitará información sobre la merma de los productos adquiridos, ya que en este se indica la cantidad de materia prima (membrillo) que se necesita adquirir para cubrir las necesidades concretas de elaboración.

5. Control de consumos y costes

👉 HILO CONDUCTOR

Los costes variables de la pastelería Francia se han disparado debido al aumento de los precios de la luz y el gas. Esto ha propiciado que las hojas de coste se vean modificadas, reflejando este aumento en cuanto a los gastos de explotación. A fin de no incrementar los precios de los productos, se ha establecido un menor margen de beneficio.

El objetivo prioritario de cualquier establecimiento de repostería-pastelería en cuanto a control de consumos y costes, se centrará en controlar las salidas de insumos, haciendo uso de los ya citados documentos de consumo. Analizar los diferentes costes generados por el proceso, con el fin de poder establecer los precios adecuados y conseguir la rentabilidad indicada.

Este estudio debe reflejar los costes directos e indirectos, así como los fijos y variables, definiéndose:

Costes directos
- Son aquellos que se vinculan a la actividad del proceso de transformación, es decir, que se asocian directamente a un producto sin necesidad de realizar ningún tipo de reparto. Los costes de materia prima se consideran costes directos.

Costes indirectos
- Se vinculan al tiempo o periodo económico, por lo que es necesario algún método de reparto o distribución para aplicarlos a un producto o proceso, ya que son comunes a varios de ellos. Dentro de estos se encuentran los gastos generales, el coste de personal, etc.

Costes fijos
- Son los que permanecen invariables aun habiendo distintos niveles de producción en el mismo periodo de tiempo, es decir, se mantienen constantes sin afectarles las alteraciones de producción. Son, por ejemplo, los costes de personal, los gastos de administración, los costes generales, etc.

Continúa en página siguiente >>

<< Viene de página anterior

> **Costes variables**
> - Son aquellos que varían proporcionalmente en función de la producción o del tiempo de transformación. Se consideran costes variables, por ejemplo, los costes de materia prima ya que estos aumentan si el nivel de producción se ve incrementado.

TAREA 3

Raquel se ve obligada a aumentar el precio de su oferta en productos de pastelería, a lo que el cliente indica que no está de acuerdo, ya que no ha visto ninguna mejora en el establecimiento, ni en el incremento de personal y, por tanto, lo ve injustificado.

Como propietaria del establecimiento justifica al cliente los aspectos tenidos presentes para la subida de precios.

Justifica tu respuesta.

5.1. Métodos de valoración de existencias

Los métodos más usados para valorar las existencias son el método FIFO, el método LIFO y el método PMP. Estos métodos son imprescindibles para fijar el precio de los productos, ya que, debido a las continuas variaciones y cambios en el mercado, los géneros entrarán al economato cada vez con un precio distinto. La descripción de cada uno de ellos hace referencia a:

> **Método FIFO**
> - Cada producto que sale del economato, se valora con el precio del que lleva más tiempo en él, hasta agotarlo. En el caso de que la cantidad que salga sea mayor que el lote más antiguo, a la diferencia se le aplicará el precio del siguiente lote por orden de antigüedad y así sucesivamente.

Continúa en página siguiente >>

<< Viene de página anterior

Método LIFO
- Cada producto que sale del economato se valora al precio de la última entrada hasta agotarlo. En el caso de que la cantidad que salga sea mayor que la del último lote en entrar, a la diferencia se le aplicará el precio de la penúltima entrada y así sucesivamente.

Método PMP
- Cada producto que salga del economato se valorará al precio medio de las existencias que haya en ese momento. Se va calculando el precio medio con cada entrada que se produce, y se valora cada salida con el último precio calculado.

IMPORTANTE

Se estima que el coste de personal oscila entre el 25 – 40 % del total de ingresos, el coste de producción (coste de materia prima + coste personal) no será superior al 75 %. En cuanto a los gastos de explotación (consumo de energía, impuestos, agua,...) no deberían superar el 12 %.

6. Nutrición y dietética aplicada a pastelería

HILO CONDUCTOR

Entre los productos ofertados en la pastelería Francia, existe una gama de productos bajos en azúcares y grasas. Estos productos presentan en su formulación: grasas vegetales como el aceite de oliva virgen extra o la miel como producto edulcorante. Las características de estos productos contribuyen a aportar nutrientes y vitaminas reconocidos como fundamentales.

Para poder desarrollar los aspectos de nutrición y dietética relacionados con los productos de repostería es fundamental conocer la diferencia entre los conceptos de alimentación y nutrición, siendo:

Alimentación	- Proceso por el que se introduce en el organismo productos naturales o transformados, conocidos con el nombre de alimentos. Se trata de un proceso voluntario y educable.
Nutrición	- Proceso involuntario por el que el organismo transforma, utiliza e incorpora las sustancias químicas que contienen los alimentos.

Teniendo presente estos conceptos es necesario indicar que la gama de productos pasteleros se relaciona con un alto valor calórico, donde las grasas y azúcares tienen un especial protagonismo, siendo elementos que cumplen una función reguladora, siendo las grasas las encargadas de transportar las vitaminas liposolubles; y los carbohidratos, que permiten cubrir las necesidades de estructura biológica.

El aporte nutricional asociado al ámbito de la pastelería, aunque se asocia con un mayor aporte calórico, también contribuye con el proceso nutritivo interviniendo en las fases de digestión, absorción y utilización. Por tanto, a fin de contribuir con el proceso nutritivo, la gestión indicará como premisas que perseguir:

Azúcares
- Perseguir el uso de azúcares simples (carbohidratos simples), tipo monosacáridos y disacáridos.

Productos procesados
- Evitar el exceso de productos procesados con azúcares añadidos (productos de pastelería-repostería), lo que hace que se tenga que controlar la cantidad y tipos de azúcares presentes en estos productos.

Grasas insaturadas
- Perseguir el uso de grasas insaturadas, diferenciando entre los tipos poliinsaturadas y monoinsaturadas.

Grasas saturadas y grasas trans
- Evitar el uso de grasas saturadas y grasas trans.

Continúa en página siguiente >>

<< Viene de página anterior

Sal, grasa y azúcar
- Disminución y/o sustitución de porcentajes de sal, grasas y azúcares en la formulación de pastelería.

Acrilamida
- Tener presente nivel de acrilamida en los productos sometidos a altas temperaturas.

ACTIVIDAD COMPLEMENTARIA

4. Busca información sobre la obligatoriedad de control de la acrilamida y justifica si dicho control debe estar reflejado en base a la oferta de pastelería.

7. Grupos de alimentos en pastelería

HILO CONDUCTOR

Raquel se ha apoyado en la clasificación dada por la FEN para buscar nuevos productos que incluir en la elaboración de su oferta en pastelería-repostería. Así, examinando el grupo de los frutos secos, ha seleccionado el dátil como nuevo ingrediente que usará como sustitutivo del azúcar en algunas de las fórmulas empleadas hasta el momento. Este producto, además de aportar dulzor, facilitará un alto contenido en fibra, betacarotenos, luteína y potasio.

La diversidad de alimentos presentes en el ámbito de la pastelería hace que implementar una clasificación de alimentos por familias facilite tanto la formulación de posibles elaboraciones que afrontar como la sustitución de ciertos ingredientes utilizados hasta el momento por otros con características propias o excepcionales. Teniendo presente tanto la oferta pastelera dulce como salada, se hace necesario recoger cada uno de los grupos de alimentos propuestos por la Fundación Española de Nutrición, diferenciando entre:

- **Cereales y derivados:** grupo en el que aparecen, entre otros productos: arroz, maíz, trigo, centeno, etc.
- **Leche y productos lácteos:** grupo en el que aparecen, entre otros productos: nata, quesos, yogur, leche, etc.
- **Huevos:** grupo en el que aparecen, entre otros productos: huevos y ovoproductos.
- **Azúcares y dulces:** grupo en el que aparecen, entre otros productos: azúcar, cacao, chocolate, mermelada, miel y turrón.
- **Aceites y grasas:** grupo en el que aparecen, entre otros productos: aceite de girasol, maíz, oliva, colza, manteca de cerdo, mantequilla y margarina.
- **Verduras y hortalizas:** grupo en el que aparecen, entre otros productos: setas, repollo, puerro, patata, lechuga, haba, guisante, grelos, espinacas, espárragos, endivia...
- **Legumbres:** grupo en el que aparecen, entre otros productos: alubias, garbanzos, lentejas y soja.
- **Frutas:** grupo en el que aparecen, entre otros productos: coco, ciruela, fresa, granada, higo, limón, mora, pera, pomelo, uva, etc.
- **Frutos secos:** grupo en el que aparecen, entre otros productos: almendra, avellana, cacahuete, castaña, nuez, dátil, pasas, piñón, pistacho...
- **Carnes y productos cárnicos:** grupo en el que aparecen, entre otros productos: butifarra, cecina, paté, cabeza de jabalí, jamón york, lacón, morcilla, mortadela, sobrasada, tocino, rabo de toro...
- **Pescados:** grupo en el que aparecen, entre otros productos: arenque, carpa, caviar, dorada, congrio, jurel, palometa, salmón raya, besugo, etc.
- **Crustáceos y moluscos:** grupo en el que aparecen, entre otros productos: berberecho, buey de mar, camarón, carabinero, gamba, mejillón, navaja, nécora, sepia, vieira...
- **Condimentos y aperitivos:** grupo en el que aparecen, entre otros productos: aceituna, azafrán, mostaza, orégano, perejil, pimienta, sal, tomate frito, vinagre, laurel...
- **Bebidas:** grupo en el que aparecen, entre otros productos: agua, bebidas alcohólicas, café, gaseosa, sidra, té, vino, zumo...

 PARA SABER MÁS

Puedes consultar las características nutricionales de los distintos grupos de alimentos accediendo aquí:

Continúa en página siguiente >>

<< Viene de página anterior

https://redirectoronline.com/inaf020po0202

8. Control de calidad en pastelería

👉 HILO CONDUCTOR

Raquel se ha percatado de que la temperatura de la cámara de refrigeración de productos perecederos finalizados es de 12 ºC. Al ver el registro de temperaturas de cámaras ve que, en el día de ayer, la temperatura era de 8 ºC, momento en el que se tendría que haber llevado a cabo el traslado de los productos a otra cámara, ya que no era la correcta. Esto ha propiciado que se tengan que revisar los protocolos de actuación descritos en los programas de control.

El control de calidad en pastelería tiene como principal objetivo la realización y servicio de productos seguros, planteando un correcto proceso de desarrollo que, junto con los criterios de calidad del cliente, hagan de la mercancía primaria o insumos un producto de calidad, además de competitivo.

Para conseguir dicho propósito será necesaria la implantación de programas y técnicas de control, tal y como se establece en el *Codex Alimentarius*, aplicando lo establecido en la Norma ISO 9001 o en el sistema APPCC, a fin de perseguir la correcta gestión de los productos y servicios.

De forma interna, dichos sistemas de control de calidad deben relacionarse con el control de procesos y de costes, con la organización del trabajo, la distribución y selección de equipamiento..., sin olvidar las necesidades de aseguramiento de la calidad en relación a agentes externos, considerándose como fundamental la selección de proveedores, los sistemas de transporte utilizados o la retirada de desperdicios, entre otros factores.

Con todo ello, el producto servido será el reflejo del seguimiento y aseguramiento del proceso de la calidad, que tendrá como propósito cubrir las expectativas del cliente.

El producto servido es el reflejo del resultado del seguimiento y aseguramiento del proceso de calidad.

8.1. Programas, procedimientos e instrumentos específicos para el control de la calidad

En el ámbito de la pastelería, así como en la restauración en general, los programas, procedimientos e instrumentos específicos que llevar a cabo, se reflejan de forma general en la descripción de los siguientes sistemas o protocolos:

➲ **Norma ISO 9001:** los principios de gestión de la calidad de esta norma se basan en:

- **Enfoque al cliente:** a fin de cumplir con sus expectativas.
- **Liderazgo:** se debe pretender ser referente de otras empresas.
- **Competencias del personal:** facilitará un mayor compromiso del trabajador hacia la empresa.
- **Gestión de procesos:** a fin de lograr la mayor eficiencia en las actividades propuestas.
- **Gestión del sistema:** la gestión conjunta de los sistemas contribuirá a la eficacia y eficiencia de la organización.
- **Mejora continua:** el estudio de los errores y fallos cometidos facilitará una mejora global.
- **Importancia del proveedor:** se trata de un pilar básico y, por tanto, se debe contemplar en base a la adecuación del sistema.

- **Sistema APPCC:** su gestión e implantación requiere de doce tareas, siendo:

  - Formación del equipo de APPCC.
  - Descripción de productos.
  - Identificación del uso para el que se destina el producto.
  - Elaboración de un diagrama de flujo del producto.
  - Confirmación del diagrama de flujo en el lugar de desarrollo *(in situ)*.
  - Identificación de los posibles peligros.
  - Establecer los puntos de control críticos.
  - Determinar los límites críticos de cada punto de control crítico.
  - Imposición y establecimiento de un procedimiento de vigilancia.
  - Establecer medidas correctoras.
  - Verificar el plan APPCC.
  - Mantener los registros establecidos.

- **Planes Generales de Higiene:** se trata del control de los siguientes conceptos:

  - Control de agua (cloro, pH, etc.).
  - Programa de desinfección y limpieza.
  - Control de plagas (desratización y desinsectación).
  - Planificación del mantenimiento de los equipos, instalaciones y útiles.
  - Trazabilidad de los productos y materia prima.
  - Formación de los manipuladores de alimentos.
  - Programación referente a la eliminación de residuos y subproductos.
  - Garantía de certificación de proveedores.

 PARA SABER MÁS

Puedes observar una guía de prácticas correctas de higiene asociada al sector del pan, bollería, pastelería, confitería y repostería, accediendo aquí:

https://redirectoronline.com/inaf020po0203

NOTA

Dichas normas o protocolos se desarrollan bajo el amparo de entidades como la FAO o la OMS, así como, en base a los principios del Reglamento (CE) 852/2004 relativo a la higiene de los productos alimenticios y las indicaciones internacionales recogidas por el *Codex Alimentarius*.

Puedes consultar dicho reglamento, accediendo aquí:

https://redirectoronline.com/inaf020po0204

9. Resumen

Las empresas de pastelería son clasificadas por normativa, permitiendo diferenciar entre:

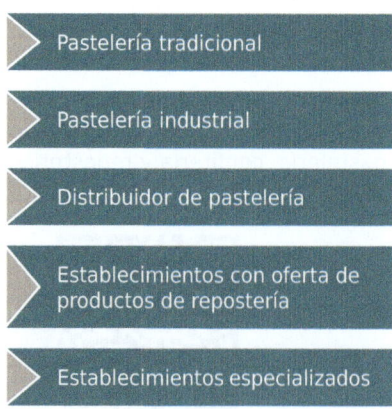

Pastelería tradicional

Pastelería industrial

Distribuidor de pastelería

Establecimientos con oferta de productos de repostería

Establecimientos especializados

La oferta de los establecimientos también marcará una organización y necesidades propias, diferenciando entre:

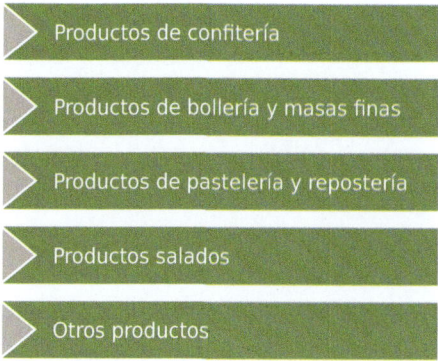

- Productos de confitería
- Productos de bollería y masas finas
- Productos de pastelería y repostería
- Productos salados
- Otros productos

En cuanto a las necesidades de aprovisionamiento, se hace necesaria la imposición de un ciclo de compra en base a principios como el *stock* máximo y de seguridad, la previsión y perfil de clientes o la política financiera de la empresa, siendo documentos asociados a ellos los siguientes:

| Vale de economato | *Transfers* | Parte diario de pedidos | Escandallos |
| Fichas técnicas de elaboración | Relevé | Inventario periódico | Reporte de compras diarias |

Finalmente, la gestión de aprovisionamiento interno y control de consumos requiere tener presentes el control de costes (directos, indirectos, fijos y variables), los métodos de valoración de existencias (FIFO, LIFO y PMP), así como la imposición de programas que faciliten el control de la calidad, siendo un ejemplo los siguientes:

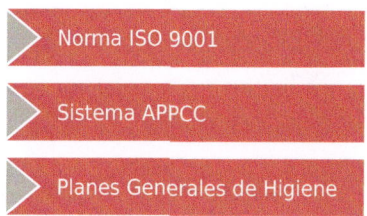

- Norma ISO 9001
- Sistema APPCC
- Planes Generales de Higiene

Ejercicios de autoevaluación
Unidad de Aprendizaje 2

1. En los denominados establecimientos especializados...

    a. ... no será posible indicar una oferta complementaria.

    b. ... se comercializa un producto principalmente, pudiéndose complementar con otro tipo de oferta.

    c. ... el producto no puede ser comercializado a granel.

    d. ... el volumen de venta deberá ser inferior al de la pastelería tradicional.

2. En los denominados productos de confitería, el ingrediente característico es:

    a. El azúcar

    b. La harina

    c. La mantequilla

    d. El huevo

3. El ciclo de compra debe indicar ante sus necesidades de gestión:

    a. El *stock* máximo y *stock* de seguridad.

    b. La previsión y perfil de clientes.

    c. La política financiera de la empresa.

    d. Todas las opciones son correctas.

4. El relevé facilita información sobre:

    a. Mermas de un producto.

    b. Los pedidos solicitados durante un periodo determinado.

    c. El consumo diario de un departamento.

    d. La transferencia de productos llevada a cabo entre departamentos.

5. Con el método LIFO se indica que...

    a. ... el producto que sale del economato se valora al precio de la última entrada hasta agotarlo.

    b. ... el producto que sale del economato se valora con el precio más alto.

    c. ... el producto que sale del economato se valora con el precio más bajo.

    d. ... el producto que sale del economato se valora en base al precio medio de los productos del almacén.

6. Identifica qué tipo de azúcares se indica como más adecuado en torno a la gestión nutricional:

    a. Uso de carbohidratos simples tipo monosacáridos y disacáridos.

    b. Sustitución de fructosa por lactosa

    c. Eliminación de la maltosa

    d. Todas las opciones son incorrectas.

7. Identifica cuál de los siguientes productos indica la FEN dentro del grupo de azúcares y dulces.

    a. Miel y turrón

    b. Mermelada

    c. Cacao

    d. Todas las opciones son correctas.

8. ¿Cuál de las siguientes normas, programas o planes se asocian con el control de calidad en pastelería?

    a. El sistema APPCC

    b. La Norma ISO 9001

    c. Los Planes Generales de Higiene (PGH)

    d. Todas las opciones son correctas.

9. Indica si las siguientes oraciones son verdaderas o falsas.

    a. La Norma ISO 9001 no incluye en su gestión el enfoque del cliente.

        ■ Verdadero
        ■ Falso

    b. La Norma ISO 9001 indica la importancia del liderazgo sobre otras empresas.

        ■ Verdadero
        ■ Falso

10. Los Planes Generales de Higiene indican como conceptos de control:

    a. Control de agua
    b. Programa de desinfección y limpieza
    c. Control de plagas
    d. Todas las opciones son correctas.

Gestión de la seguridad, higiene y protección ambiental

Contenido

Objetivos

El objetivo general de esta unidad de aprendizaje es:

→ Actuar bajo normas de seguridad, higiene y protección ambiental.

Los objetivos específicos de esta unidad de aprendizaje son:

→ Identificar la normativa asociada a la higiene de productos alimenticios.

→ Determinar los tipos de contaminación que pueden incidir sobre los alimentos.

→ Ordenar los pasos que llevar a cabo ante las necesidades de limpieza y desinfección de una superficie.

→ Distinguir los tipos de contaminantes asociados a la actividad industrial de pastelería.

→ Deducir qué procesos de producción persiguen las buenas prácticas ambientales.

1. Introducción

Los procesos relacionados con la obtención de productos de pastelería, no solo deben perseguir la calidad y rentabilidad de los mismos, sino que también será fundamental la implantación de procesos que aseguren su higiene y seguridad, buscando a su vez la implantación de procesos que causen el menor impacto ambiental.

El manipulador de alimentos es una pieza clave en la gestión e implantación de los procesos relacionados con la seguridad, la higiene y la protección ambiental, siendo fundamental su formación en relación a los protocolos de limpieza de instalaciones y equipos, la aplicación y seguimiento de los sistemas de autocontrol, el tratamiento de los residuos, el consumo de agua y energía o la gestión de compras y aprovisionamiento, entre otros conceptos.

Las instalaciones donde se desarrolla la actividad de manipulación o gestión de alimentos deben garantizar su inocuidad, al igual que los hábitos del manipulador, sabiendo que la uniformidad, el uso de prendas de protección y la adecuada manipulación de alimentos se consideran premisas fundamentales que cumplir.

Raquel es consciente de la importancia de una correcta manipulación de alimentos y gestión de los residuos, por lo que facilita a Alejandro formación sobre la normativa vigente, ofreciendo a su vez nuevo equipamiento para que pueda afrontar con seguridad su trabajo.

2. Higiene alimentaria y manipulación de alimentos

 ## HILO CONDUCTOR

Raquel ha solicitado para Alejandro una revisión de la formación de manipulador de alimentos, ya que son varios los errores que Alejandro lleva cometidos en estas últimas semanas. Un ejemplo de estos errores se ha producido durante el proceso de blanqueado de la carga utilizada como base de una *mousse* de chocolate, no habiendo llegado a la temperatura requerida para eliminar el posible foco de contaminación.

Para garantizar al consumidor la inocuidad de los alimentos es necesario implantar cada uno de los procesos indicados por normativa, siendo el **Reglamento (CE) n.º 852/2004 del Parlamento Europeo y del Consejo, de 29 de abril de 2004,** relativo a la higiene de productos alimenticios. Dicho reglamento describe las necesidades de formación del manipulador de alimentos, las características que deben reunir las instalaciones y dotaciones destinadas a entrar en contacto con los alimentos, así como las necesidades de registro y control asociadas a dichas instalaciones y procesos llevados a cabo. Cada uno de estos conceptos, se desarrollan a continuación:

- **Formación del manipulador:** según la normativa, los operadores de las empresas alimentarias están obligados a establecer y aplicar un plan de formación en higiene de alimentos atendiendo a cada empleado, cubriendo las necesidades concretas según su ámbito específico de actuación. Por tanto, la formación dependerá de cada operador, siendo las autoridades competentes del control oficial las que verifiquen la idoneidad de la formación de cada manipulador en su puesto de trabajo específico, siendo necesario establecer un plan de revisión y actualización periódica.

- **Instalaciones y dotaciones:** las instalaciones y dotaciones deben evitar la contaminación de los alimentos, así como asegurar una correcta funcionalidad. Esto requiere, además del uso de materiales no porosos y de fácil limpieza y desinfección, presentar un diseño específico, siendo algunas especificaciones las siguientes:

  - **Paredes:** uniones redondeadas en esquinas, suelo y techo, evitando la acumulación de suciedad.
  - **Techos:** lavables y desmontables para su limpieza.
  - **Ventanas:** dotadas de pantallas contra insectos.
  - **Distribución:** debe propiciar la "marcha hacia delante", así como la separación de ambientes de trabajo.

- **Registro documental:** es necesaria la implantación de un registro documental que asegure la higiene y trazabilidad de los productos y alimentos, siendo registros y planes que implantar los siguientes:

  - Registro de limpieza y desinfección
  - Planes Generales de Higiene
  - Sistema APPCC
  - Trazabilidad
  - Registro de temperaturas

2.1. Alteración y contaminación de los alimentos

Todo alimento es susceptible de sufrir alteraciones, pudiendo o no verse alteradas sus cualidades organolépticas, lo que supone un gran riesgo, ya que, dicha alteración puede llegar hasta el consumidor, no percatándose de ello.

Las **alteraciones alimentarias** pueden ser de tipo **biológico, químico y físico,** siendo sus especificidades las siguientes:

Contaminación física
- Relacionada con la inclusión de restos de elementos o materiales que no forman parte del mismo (restos de madera de cajas, tierra, piedras, etc.).

Contaminación química
- Relacionada con la inclusión de forma accidental de sustancias químicas en el alimento durante algún momento de la cadena alimentaria (restos de plaguicidas, aditivos, medicamentos, productos de desinfección, etc.

Contaminación biológica
- Relacionada con la contaminación de un alimento por bacterias, gérmenes, hongos, parásitos y virus, siendo capaces de provocar una enfermedad a la persona que lo consume. Ejemplo de dichas enfermedades son: *salmonelosis, Clostridium perfringens* y *Staphylococcus aureus.*

3. Limpieza de instalaciones y equipos

👉 HILO CONDUCTOR

Alejandro ha finalizado el batido de la masa de bizcocho y se dispone a escudillarlo sobre las bandejas. No obstante, previo al escudillado lleva a cabo la prelimpieza de la batidora a fin de evitar que los restos de masa se sequen y adhieran al cuenco de batido. A continuación, y una vez metido el bizcocho en el horno, Alejandro limpiará, desinfectará y secará el cuenco de batido y la amasadora dejándolo todo listo para su próximo uso.

Además de la figura del manipulador, las instalaciones y equipos son un importante foco de contaminación, asociándose esta a una falta de limpieza y desinfección. Dicha contaminación hace referencia a la reconocida como "contaminación cruzada" en la que un alimento o superficie contaminada propicia la contaminación de otra por contacto. Por tanto, es importante diferenciar entre los conceptos de **limpieza y desinfección,** indicándose:

Limpieza	- La limpieza hace referencia al conjunto de operaciones que conlleva la eliminación de la suciedad visible y macroscópica (restos orgánicos e inorgánicos, manchas...) de las instalaciones, equipos, utillajes y en general de todo el local de trabajo, haciendo uso de métodos físicos y químicos.
Desinfección	- La desinfección se describe como el proceso llevado a cabo para destruir o disminuir hasta niveles inocuos a los microorganismos mediante el uso de agentes químicos o por el calor.

Las instalaciones destinadas a la manipulación de alimentos deben aunar ambos procesos, reconociéndose en su implantación **seis fases** básicas, siendo estas:

Prelimpieza
- Proceso por el que se elimina la suciedad grosera, aplicando métodos físicos como el barrido o el raspado.

Limpieza
- Proceso por el que se persigue la eliminación de las grasas, la suciedad, etc., mediante el uso de detergentes.

Enjuagado
- Proceso por el que se elimina la suciedad disuelta, así como el detergente usado.

Desinfección
- Proceso consistente en la aplicación de agentes químicos y/o calor, normalmente agua caliente a temperaturas superiores a 82 °C.

Continúa en página siguiente >>

<< Viene de página anterior

Aclarado
- Proceso por el que se eliminan los restos de desinfectante o agente usado en el proceso de desinfección.

Secado
- Proceso por el que se asegura la eliminación de restos de agua de las superficies, pudiendo hacer uso de aire seco o paños que aseguren la no contaminación.

IMPORTANTE

Los procesos de limpieza y desinfección deben complementarse con procesos de desinsectación y desratización.

ACTIVIDAD COMPLEMENTARIA

5. Busca información sobre los productos de limpieza de uso común haciendo una clasificación de ellos.

4. Incidencia ambiental de la actividad

 ## HILO CONDUCTOR

Raquel es consciente de que su actividad empresarial supone un impacto ambiental alto, ya que el gasto de energía, la emisión de gases y el consumo de agua es elevado. No obstante, la imposición de una metodología de trabajo en la que se apuesta por el uso de elementos reutilizables y reciclados, así como la adquisición de maquinaria de bajo consumo, pretenden minimizar en la medida de lo posible dicho impacto.

El desarrollo de la actividad de pastelería hace que, además de requerir de recursos y alimentos que en sí mismos, su cultivo o elaboración suponen un importante impacto ambiental, genera un alto volumen de residuos sólidos, gaseosos y líquidos. Esto hace que sea fundamental mostrar un compromiso de adaptación que contribuya a la reducción de residuos y al uso racional de los recursos.

Ten presente que llevando a cabo un análisis de la actividad industrial asociada a la pastelería, se observa que el impacto provocado en el medioambiente se relaciona con:

- **Vertidos a las aguas:** los procesos de limpieza y desinfección, así como la actividad relacionada con el aseo personal, propician los vertidos de agua. Dichos vertidos podrán incluir además de grasas y proteínas, restos de productos químicos asociados a los procesos de limpieza y desinfección.
- **Emisión de gases:** en el ámbito de la pastelería, el uso de hornos y focos de calor, de abatidores de temperatura o de las cámaras frigoríficas, hace que se produzcan emisiones de gases a la atmósfera, gases que, en algunos casos, tienen una gran incidencia, como son los asociados a los aerosoles de dosificación de algunos productos, o la fuga de gases de los sistemas de refrigeración (clorofluorocarburos).
  Es necesario incluir la emisión de gases por combustión de los sistemas de movilidad requeridos en los procesos de distribución, aprovisionamiento...
- **Producción de ruidos y vibraciones:** los sistemas de ventilación y refrigeración, los elementos de molturación, refinado o batido, cuentan con motores que generan gran cantidad de ruido y vibraciones.
- **Generación de residuos materiales:** además de los residuos orgánicos asociados a la producción, las necesidades de gestión en la pastelería generan un gran volumen de residuos asociados al embalado y empacado de insumos. A su vez, hay que tener presente que la actividad tiene asociada la generación de otros tipos de residuos, como son los denominados residuos voluminosos, residuos inertes (restos de obra, construcción...) y otros residuos, como los asociados a baterías y pilas, electrodomésticos...

NOTA

Determinar la incidencia ambiental de la pastelería requiere contemplar normas como el Reglamento EMAS o la Norma UNE-EN ISO 14001, facilitando información

Continúa en página siguiente >>

<< Viene de página anterior

sobre los principios que considerar en torno a los procesos de gestión y auditoría medioambientales.

5. Gestión del agua y de la energía

☞ **HILO CONDUCTOR**

En los lavamanos instalados en el obrador de la pastelería Francia, Raquel ha instalado reductores de caudal de agua, con ello, además de propiciar la reducción del consumo de agua, se obtiene un menor consumo de energía eléctrica asociado al calentamiento de este recurso.

El **agua** y el **consumo eléctrico** son dos de los **recursos imprescindibles** en el desarrollo de la actividad de pastelería, por lo que su correcta gestión permite minimizar el impacto ambiental asociado a su empleo, así como el control de costes.

El agua y el consumo eléctrico son recursos imprescindibles en la actividad pastelera.

Para ambos insumos (agua y energía) se requerirá de un pautado exhaustivo, pretendiendo a su vez la renovación de sistemas, que minimicen el impacto, siendo ejemplo los siguientes.

Gestión del agua

El agua es un recurso imprescindible en la actividad de pastelería, pues forma parte de múltiples elaboraciones, también de procesos de limpieza y desinfección, de procesos de enfriamiento, etc. Por tanto, son **medidas** que imponer:

⮩ Reutilización del agua empleada en el enfriamiento de masas o elaboraciones, indicándose como adecuado el uso de circuitos cerrados para un mayor rendimiento.
⮩ Formulación adecuada de masas y pastas, evitando mermas o su reformulación.
⮩ Uso de espátula y lengua en el vertido de las masas, propiciando el máximo aprovechamiento y limpieza, minimizando el proceso de prelimpieza posterior.
⮩ Instalación de reductores de caudal de agua, así como automatización de los grifos destinados al lavado y desinfección de manos.
⮩ Hacer uso de los dispositivos de lavado (lavavajillas, tren de lavado...) solo cuando estén a carga completa.
⮩ Perseguir la reutilización de las aguas siempre que sea seguro, no poniendo en riesgo sanitario el resto de procesos asociados a su uso.
⮩ Estudiar la adecuación de las zonas verdes y con necesidades de baldeo a fin de minimizar las necesidades de riesgo.
⮩ Imponer un mantenimiento preventivo en los sistemas de refrigeración que usen el agua como elemento refrigerante. A su vez, incorporar sistemas que permitan la reutilización del agua generada para procesos de limpieza.
⮩ En las zonas de aseo se contará con medios técnicos y funcionales como es la instalación de urinarios con descarga presurizada, cisternas de doble descarga o grifos con temporizador.

Gestión de la energía

La actividad de pastelería tiene asociado un consumo energético alto, no solo en torno a las necesidades de iluminación o ambientación, sino también al desarrollo propio de la actividad (horneado, abatimiento de temperatura, refrigeración, cocinado...). Por tanto, una gestión adecuada de la energía, requiere contemplar los siguientes **principios:**

⮩ Instalación de placas solares para agua sanitaria y la producción de energía eléctrica mediante placas fotovoltaicas.
⮩ Propiciar el uso de energías provenientes de fuentes renovables como: biogás, biomasa y energía eólica.
⮩ Apostar por fuentes de calor de inducción ya que facilitan un calentamiento más rápido y eficaz.

⊃ Ajustar los tiempos de precalentado de hornos, parrillas y planchas, armarios calientes, fermentadoras...

⊃ Usar electrodomésticos destinados al lavado y desinfección a carga completa, ajustando las temperaturas de lavado.

⊃ Apostar por electrodomésticos de lavado que integren circuitos de agua caliente sanitaria.

⊃ Dotarnos de electrodomésticos y luminaria de bajo consumo energético.

⊃ Desconectar los equipos cuando no se requiera su uso.

⊃ Imponer un proceso de mantenimiento preventivo que minimice las fugas y pérdidas de energía.

⊃ Organizar el trabajo para contribuir con el aprovechamiento del calor residual de hornos, placas...

⊃ Distribuir las zonas de trabajo para un mayor aprovechamiento de la luz diurna, así como dotar a las entradas de luz de automatismos para la apertura y cierre de toldos, persianas o cortinas. Sustituir elementos opacos de tabiquería por láminas de cristal.

⊃ Dotar al establecimiento o zona de trabajo de un aislamiento exterior adecuado.

6. Buenas prácticas ambientales en los procesos productivos

 HILO CONDUCTOR

La implicación de Raquel en torno al respeto del medioambiente ha propiciado la digitalización de los registros documentales asociados a la gestión del obrador de la pastelería Francia. Esto reduce el uso del papel, y también minimiza la gestión de actualización de fórmulas, precios y ofertas del establecimiento.

Como ya se ha manifestado, los procesos relacionados con la actividad de pastelería requieren de gran cantidad de energía y recursos, por lo que su gestión debe estar encaminada a su uso eficaz. Dicha mejora debe ser continua y formar parte de un proyecto en el que se interrelacionen todos los procesos llevados a cabo, desde las compras y aprovisionamiento, hasta los relacionados con la elaboración y venta, limpieza, mantenimiento...

Ten presente que el desarrollo de la actividad de pastelería produce impactos en el medioambiente relacionados con el vertido de aguas residuales, la emisión de gases, el ruido y la producción de residuos, de forma principal. No obstante, no son los únicos residuos asociados a esta actividad, ya que, actividades como afrontar una reforma en el establecimiento o la reparación de aparatos electrónicos facilita, entre otros, la aparición de residuos voluminosos, residuos de demolición y residuos peligrosos. El compromiso e implicación del sector pastelero y panadero hacia la reducción de este impacto hace que se desarrollen **medidas de reducción,** de entre las que destacan:

- **Clasificación de los residuos:** se diferencia entre residuos sólidos, líquidos y gaseosos. Dentro de esta clasificación a su vez es posible diferenciar entre:

  - **Residuos sólidos.** Deben ser clasificados, diferenciando entre: vidrio (contenedor verde), papel y cartón (contenedor azul), envases (contenedor amarillo), restos orgánicos (contenedor marrón) y restos (contenedor gris). A su vez, ten presente la gestión del punto limpio, en el que se permite la retirada de elementos voluminosos, electrodomésticos, pilas, lámparas fluorescentes...
  - **Residuos gaseosos.** Los gases de efecto invernadero asociados al uso de los combustibles fósiles hacen que se requiera la sustitución de esta fuente de contaminación por el uso de energías limpias. A su vez, se deben sustituir aquellos productos aerosoles que contengan clorofluorocarburos.
  - **Residuos líquidos.** Las aguas residuales asociadas al sector pastelero son ricas en proteínas, grasas y productos detergentes y desinfectantes, por lo que se deberá perseguir la prelimpieza en seco de los restos, así como la aplicación y uso de detergentes y desinfectantes con poca incidencia ambiental.

- **Uso de materiales reutilizables y reciclados:** se debe perseguir la adquisición de útiles y materiales reciclados, que a su vez sean reutilizables, evitando la adquisición de mangas pasteleras, plásticos y envases de un solo uso.
  De requerir el uso de material desechable, se debe perseguir la adquisición de aquellos elementos o productos obtenidos a partir de elementos reciclados.
- **Adquisición de productos de cercanía y mercado:** el uso de productos de cercanía y mercado propician una menor emisión de gases de efecto invernadero a la atmósfera, por lo que apostar por esta medida debe ser una prioridad. A su vez, este tipo de productos requerirán menor embalaje, así como tiempos de conservación, lo que facilita un menor impacto.
- **Gestión del *stock:*** ajustar los niveles de *stock* a la producción será fundamental, evitando el gasto energético asociado a la conservación y manipulación de los productos durante su almacenaje. A su vez, el posible deterioro de los alimentos supone un mayor consumo de recursos, siendo otro elemento que considerar.

➲ **Mantenimiento preventivo:** el mantenimiento preventivo de la maquinaria propiciará una mejora en la gestión de los procesos llevados a cabo y, por tanto, un menor tiempo de producción. A su vez, asegurar la hermeticidad de las cámaras frigoríficas, hornos o carros calientes y vigilar posibles fugas en grifos o sanitarios, minimizará la pérdida de recursos energéticos.

El mantenimiento preventivo también facilitará una mayor vida útil y. por tanto, la generación de un menor volumen de residuos.

➲ **Regulación de temperaturas:** no todos los productos perecederos requieren para su conservación de una misma temperatura. A su vez, no siempre a menor temperatura, la conservación es más eficaz. Por tanto, durante el proceso productivo y de conservación, se debe establecer el uso de la temperatura más idónea.

IMPORTANTE

Una buena política ambiental debe estar basada en principios de cautela y acción preventiva, antes que en acciones correctoras una vez producida la acción.

APLICACIÓN PRÁCTICA

Alejandro, ha finalizado su actividad y se dispone a clasificar y retirar los residuos que ha generado a lo largo del día. Dichos residuos son los siguientes:

• **Tetrabrik de nata, leche y huevo pasteurizado.**
• **Latas de conservas.**
• **Cajas de embalado de cartón.**
• **Hojas de pedidos y órdenes de trabajo.**
• **Botellas de vidrio de licores.**
• **Recortes de bizcocho.**
• **Peladuras de manzana y restos de cremas.**
• **Cortapastas de plástico.**
• **Boquilla de manga pastelera de metal.**

¿Sabrías identificar a qué contenedor (azul, amarillo, gris, marrón y verde) se debe retirar cada uno de los elementos descritos?

Continúa en página siguiente >>

<< Viene de página anterior

Solución

A fin de minimizar el impacto ambiental asociado a la actividad de pastelería, una de las medidas que implantar es el clasificado de los residuos para facilitar su posterior gestión de reciclado.

De forma general, las especificaciones de la normativa permiten diferenciar entre:

- Contenedor verde para vidrio.
- Contenedor azul para papel y cartón.
- Contenedor amarillo para envases.
- Contenedor marrón para restos orgánicos.
- Contenedor gris para restos no orgánicos.

Por lo tanto, la clasificación de los residuos generados por Alejandro es la siguiente:

Azul	Cajas de embalado de cartón Hojas de pedidos y órdenes de trabajo
Amarillo	Tetrabrik de nata, leche y huevo pasteurizado Latas de conserva
Verde	Botellas de vidrio de licores
Gris	Cortapastas de plástico Boquilla de manga pastelera de metal
Marrón	Recortes de bizcocho Peladuras de manzana y restos de cremas

7. Seguridad y situaciones de emergencia

 HILO CONDUCTOR

Raquel ha realizado una auditoría interna en las instalaciones del obrador de la pastelería Francia. El informe de esta auditoría indica que las instalaciones

Continúa en página siguiente >>

<< Viene de página anterior

cumplen con las exigencias normativas. Además, el informe indica que la señalización de seguridad empleada y los protocolos asociados a la prevención y protección en el manejo de productos químicos, maquinaría, equipos y utensilios es suficiente y correcta.

En pastelería, al igual que en cualquier actividad laboral, existen riesgos derivados de la propia actividad que pueden afectar a la seguridad y salud de los trabajadores, lo que hace necesario el cumplimiento de la legislación vigente que facilita las pautas para eliminar o reducir los riesgos laborales.

La actividad de pastelería, al igual que cualquier otra, debe desarrollarse de forma segura. Por tanto, es necesario conocer los factores y situaciones de riesgo a los que el personal se somete durante su actividad, como por ejemplo: resbalones, tropezones y caídas, cortes y atrapamientos, quemaduras, riesgos eléctricos y químicos, psicosociales y de incendio. Hacer frente a estas situaciones requiere del seguimiento de las pautas e indicaciones dadas por normativa, siendo recogidas en gran medida bajo la **Ley 31/1995, de 8 de noviembre, de prevención de Riesgos Laborales.**

Los incendios son uno de los elementos de estudio más significativos dada la gravedad asociada a su voracidad.

 **PARA SABER MÁS**

Puedes consultar la Ley 31/1995, de 8 de noviembre, de prevención de Riesgos Laborales, accediendo aquí:

https://redirectoronline.com/inaf020po0301

7.1. Indicaciones de seguridad

La citada ley establece que tanto el trabajador como la empresa tienen obligaciones que cumplir. Así, por ejemplo, mientras que la empresa debe realizar acciones preventivas frente a los posibles riesgos, el trabajador debe hacer uso de los EPI facilitados y cooperar para garantizar unas condiciones de trabajo seguras.

Las **medidas de seguridad** implantadas en una empresa estarán orientadas a evitar y hacer frente a los posibles riesgos, por tanto, se indica como fundamental la implantación de medidas preventivas, en las que la lucha contra incendios, los primeros auxilios y la evacuación son fundamentales. Para ello, son elementos que describir los siguientes.

Señalización

La señalización que utilizar deberá cumplir con las indicaciones dadas por normativa, permitiendo informar sobre los riesgos, prohibiciones u obligaciones, alertar sobre una situación de emergencia, facilitar la evacuación y orientar o guiar al trabajador frente a maniobras peligrosas.

Equipamiento personal de seguridad

La normativa diferencia entre los equipos de protección colectiva e individual. A su vez, indica que siempre se debe implantar en primer lugar un elemento de prevención colectiva, quedando el uso de los EPI reservado solo para aquellos casos en los que el riesgo no haya podido evitarse.

En el ámbito de la pastelería, además del uso común de uniforme, que debe presentar pantalón y chaqueta de manga larga, son equipos característicos los siguientes:

- Calzado de seguridad (puntera reforzada) y suela antideslizante.
- Guantes de goma.
- Manoplas.
- Guantes de malla.
- Ropa de protección contra el frío.
- Delantal o mandilón.

IMPORTANTE

Según la actividad que desarrollar es posible contemplar elementos de protección individual como: casco, botas, mandiles de plástico o rejilla, protectores de oído…

7.2. Situaciones de emergencia

El desarrollo de la actividad de pastelería hace que sea posible generar situaciones de emergencia que, si no se afrontan con seguridad y se atajan de forma rápida, pueden llegar a poner en peligro incluso vidas humanas, de ahí la importancia de observar con atención y detenimiento cada uno de los protocolos establecidos de forma previa, describiendo los procedimientos de aviso y actuación.

En base a las situaciones de emergencia más significativas, se indican como **actuaciones** que aplicar las siguientes:

- ⮕ **Incendios:** se debe contar con un manual de seguridad contra incendios en el que se recojan de manera detallada las funciones de cada persona que compone el sistema de seguridad y el plan de evaluación. Además, es necesario contar con medios técnicos en los que se incluyen tanto sistemas de protección activa (sistemas que permiten detectar y dar una respuesta automática a un incendio) como pasiva (representado por señales, sistemas de luces, características constructivas…). A su vez, es necesario dotar al establecimiento con equipos y medios de extinción, así como formar a los integrantes de la empresa en su uso y gestión.
- ⮕ **Escape de gases:** en prevención de este tipo de emergencia es necesario contar con un sistema que garantice una revisión periódica de las instalaciones, así como disponer de unas instalaciones adecuadas, siendo imprescindible contar con rejillas de ventilación o dispositivos de detección de fugas. A su vez, ante una posible fuga, se hace necesario cumplir con pautas comunes como: cerrar las llaves de paso de gas más cercana al área de la fuga, abrir puertas y ventanas, no conectar, ni desconectar aparatos eléctricos, así como promover la evacuación, avisando a su vez a las autoridades competentes.
- ⮕ **Fugas de agua o inundaciones:** contar con unas instalaciones adecuadas, así como imponer un mantenimiento correctivo y preventivo en las instalaciones de agua es fundamental, ya que en base al caudal de la fuga, esta puede llegar a suponer un importante riesgo. Así, mientras que pequeñas fugas pueden ser la causa de caídas o resbalones, su

incidencia puede suponer, a su vez, riesgos mayores, como pueden ser la electrocución o la inundación.

IMPORTANTE

Los trabajadores deben recibir formación sobre la actuación frente a situaciones de emergencias.

TAREA 4

En el día de hoy, Raquel y Alejando han tenido que llevar a cabo las siguientes elaboraciones:

- Crema pastelera
- Tarta de manzana
- Hojaldre común
- Bizcocho de chocolate

El desarrollo de los procesos ha sido continuo, llevando a cabo entre elaboración y elaboración, una prelimpieza de las superficies de trabajo y maquinaria.

¿Se ha actuado de forma correcta? ¿Qué tipo de contaminación puede incidir sobre las elaboraciones realizadas?

Justifica tu respuesta.

---

8. Resumen

Obtener productos inocuos y de calidad requiere del cumplimiento de cada uno de los parámetros impuestos por normativa, indicándose como necesarios de forma básica:

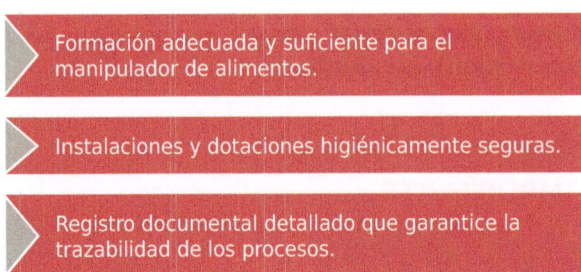

A su vez, es necesario conocer e identificar los tipos de contaminación que pueden incidir sobre los alimentos, diferenciando entre: contaminación física, química y biológica.

La actividad asociada a la pastelería muestra una incidencia ambiental alta que se asocia a los vertidos de aguas, la emisión de gases, la producción de ruidos y vibraciones, y la generación de residuos materiales. Por ello, es muy importante, incidir en la aplicación de procesos preestablecidos a fin de minimizar dicho impacto como, por ejemplo, el establecido para llevar a cabo la limpieza y desinfección de superficies, maquinaria y útiles, diferenciando entre los siguientes pasos:

Finalmente, es necesario considerar que la seguridad del trabajador es otro de los factores determinantes en la adecuación de los procesos que llevar a cabo en el ámbito de la industria pastelera, asegurando una respuesta adecuada frente a una situación de emergencia, disponiendo de protocolos y medios que lo garanticen, como son:

- Señalización adecuada y suficiente

- EPI adaptados a las exigencias del trabajo

- Manejo de los protocolos de actuación frente a situaciones de emergencia

Ejercicios de autoevaluación
Unidad de Aprendizaje 3

1. **¿Qué norma de las siguientes establece los principios de higiene de los productos alimenticios?**

   a. Reglamento (CE) n.º 852/2004 del Parlamento Europeo y del Consejo, de 29 de abril.
   b. Real Decreto 109/2010, de 5 de febrero de 2010.
   c. Directiva del Consejo, de 12 de junio de 1989.
   d. Ley 40/2015, de 1 de octubre de 2015.

2. **La formación del manipulador de alimentos...**

   a. ... será actualizada cada 3 años.
   b. ... será verificada por las autoridades competentes, teniendo en cuenta el ámbito específico de actuación.
   c. ... será responsabilidad del trabajador.
   d. Todas las opciones son correctas.

3. **En relación al aseguramiento de seguridad, higiene y protección ambiental en pastelería, se indican como registros necesarios...**

   a. ... el registro de limpieza y desinfección.
   b. ... la descripción de los Planes Generales de Higiene.
   c. ... el sistema APPCC.
   d. Todas las opciones son correctas.

4. **Los restos de plaguicidas, aditivos y medicamentos en los alimentos se relacionan con una contaminación:**

   a. Física
   b. Química
   c. Biológica
   d. Física-química

5. En los procesos de limpieza, la desinfección se llevará a cabo...

    a. ... de forma previa a la limpieza.
    b. ... tras retirar la suciedad más superficial.
    c. ... tras limpiar y enjuagar la superficie.
    d. ... como fase final, tras el secado de la superficie.

6. Los procesos de limpieza y desinfección deben complementarse con...

    a. ... procesos de desinsectación.
    b. ... procesos de desratización.
    c. ... procesos de inducción.
    d. Las opciones a y b son correctas.

7. La emisión de gases como elemento que incide en la actividad de pastelería se relaciona con...

    a. ... el uso de hornos.
    b. ... el uso de abatidores de temperatura y cámaras frigoríficas.
    c. ... la fuga de gases de los sistemas de refrigeración.
    d. Todas las opciones son correctas.

8. Identifica cuál o cuáles de los siguientes principios se consideran adecuados en torno a la correcta gestión del agua y energía en el ámbito de la pastelería:

    a. Uso de circuitos abiertos para los procesos de enfriamiento.
    b. Eliminación del proceso de prelimpieza en superficies, maquinaria y útiles.
    c. Instalación de reductores de caudal de agua y automatización de grifos.
    d. Evitar el enjuagado previo al proceso de desinfección en la gestión de la limpieza.

9. **Identifica principios que implantar frente a las necesidades de ahorro energético en el ámbito de la pastelería.**

    a. Evitar el uso de energías asociadas al biogás o biomasa.
    b. Establecer un tiempo de precalentado de hornos, parrillas y planchas de al menos 45 minutos.
    c. Eliminar los electrodomésticos de lavado que integren circuitos de agua caliente sanitaria.
    d. Apostar por fuentes de calor de inducción.

10. **La eliminación de los electrodomésticos y elementos voluminosos se gestionarán...**

    a. ... en el denominado punto limpio.
    b. ... a través de su depósito en el contenedor amarillo.
    c. ... a través de su depósito en el contenedor azul.
    d. ... a través de su depósito en el contenedor gris.

Glosario

Acrilamida
Sustancia química formada en los alimentos ricos en almidón cuando son sometidos a altas temperaturas.

Aditivo
Sustancia que se agrega a otras para darles cualidades de que carecen o para mejorar las que poseen.

Almíbar
Azúcar disuelto en agua y cocido al fuego hasta que toma consistencia de jarabe.

Alvéolo
Cavidad o hueco.

Amasijo
Masa elaborada con harina, agua y sal.

Cocer en blanco
Cocer una masa en su molde sin su relleno, pinchando la base y colocando peso, por ejemplo legumbres para evitar que esta se hinche durante su cocción.

Empaste
Masa fundamentalmente compuesta de grasa (mantequilla, manteca o margarina).

Escaldar
Introducir algo en agua hirviendo.

Grué
Producto obtenido del cacao representado por pequeños granos tostados y libres de cáscara.

Inocuo
Que no hace daño.

Liofilizar
Separar el agua de una sustancia o de una disolución, mediante congelación y posterior sublimación a presión reducida del hielo formado, para dar lugar a un material esponjoso que se disuelve posteriormente con facilidad.

Líquido de gobierno
Líquido en el que es conservado el producto.

Mandilón
Prenda de uso exterior a manera de blusón, que se pone sobre el vestido.

Mise en place
Organización y preparación previa de los utensilios, maquinaria e ingredientes que se van a utilizar en el desarrollo de las actividades programadas.

Obrador
Taller artesanal, especialmente el de confitería y repostería.

Pasteurizar
Elevar la temperatura de un alimento líquido hasta un nivel inferior al de su punto de ebullición durante un corto tiempo, y enfriarlo después rápidamente, para destruir los microorganismos sin alterar la composición y cualidades del líquido.

Pastón
Masa resultante de la unión del empaste y el amasijo.

Plonge
Zona en la que se lleva a cabo el lavado de equipos, útiles y maquinaria usada en el obrador.

Semifrío
Elaboración dulce que, por sus ingredientes y texturas gelificantes, posibilitan un consumo a temperatura de refrigeración que no presenta formación de cristales causados por la congelación.

Trazabilidad
Posibilidad de identificar el origen y las diferentes etapas de un proceso de producción y distribución de bienes de consumo.

Voltear
Dar vueltas a alguien o algo.

Bibliografía

Monografías

→ GONZÁLEZ Martínez, J.: *Elaboraciones complementarias en pastelería-repostería UF1053*. Antequera: IC Editorial, 2018.

Este manual presenta las operaciones previas que llevar a cabo para la elaboración de productos de pastelería y repostería, profundizando sobre las cremas y rellenos dulces y salados, las cubiertas.... A su vez, identifica las necesidades de elaboración de productos orientados para los colectivos especiales, identificando las principales alergias e intolerancias alimentarias.

→ VV. AA.: *Seguridad e higiene y protección ambiental en hostelería. MF0711_2*. Antequera: IC Editorial, 2021.

Este manual facilita información sobre las normas de higiene, las alteraciones de los alimentos y sus causas, los sistemas de autocontrol, los procesos de limpieza y desinfección, los principios de una correcta manipulación, etc. A su vez, profundiza sobre las necesidades y procesos de limpieza en instalaciones y equipos, indicando las pautas correctas que seguir a fin de minimizar el impacto ambiental que genera esta actividad. Presenta las pautas correctas para la adecuada gestión del agua, la energía y la producción en hostelería.

→ VV. AA.: *Ofertas de repostería, aprovisionamiento interno y control de consumos MF0709_2*. Antequera: IC Editorial, 2018.

Este manual da a conocer las ofertas de repostería, las necesidades de gestión de aprovisionamiento interno, el control de consumos y costes, la nutrición y dietética aplicada a repostería y los mecanismos de control asociados al aseguramiento de la calidad.

Legislación y normativa

→ Ley 31/1995, de 8 de noviembre, de Prevención de Riesgos Laborales.

Esta ley tiene como objeto promover la seguridad y la salud de los trabajadores mediante la aplicación de medidas y el desarrollo de las actividades necesarias para la prevención de riesgos derivados del trabajo.

→ Real Decreto 10/2025, de 14 de enero, por el que se aprueba la Clasificación Nacional de Actividades Económicas 2025 (CNAE-2025).

Normativa por la que se presentan y establecen la Clasificación Nacional de Actividades Económicas 2025.

→ Reglamento (CE) n.º 852/2004 del Parlamento Europeo y del Consejo, de 29 de abril de 2004, relativo a la higiene de los productos alimenticios.

Reglamento en el que se presentan los fundamentos a cumplir para asegurar la calidad alimentaria, así como las obligaciones de los operadores de las empresas alimentarias, la descripción en torno a las necesidades de elaboración, difusión y uso de guías prácticas, etc.

→ Reglamento (UE) 2017/1505 de la Comisión de 28 de agosto de 2017, por el que se modifican los anexos I, II y III del Reglamento (CE) n.º 1221/2009 del Parlamento Europeo y del Consejo, relativo a la participación voluntaria de organizaciones en un sistema comunitario de gestión y auditoría medioambientales (EMAS).

Reglamento en el que se exponen las bases a implantar para promover mejoras continuas del comportamiento medioambiental, describiéndose en sus anexos los requisitos específicos que deben respetar las organizaciones que deseen aplicar el EMAS y obtener la inscripción en dicho registro.

Textos electrónicos, bases de datos y programas informáticos

→ Características nutricionales de los principales alimentos de nuestra dieta, de:<https://www.mapa.gob.es/es/ministerio/servicios/informacion/plataforma-de-conocimiento-para-el-medio-rural-y-pesquero/observatorio-de-buenas-practicas/buenas-practicas-sobre-alimentacion/caract-nutricionales.aspx>.

Página web del Ministerio de Agricultura, Pesca y Alimentación en la que se presenta una plataforma de conocimiento para el medio rural y pesquero.

→ Norma UNE-EN ISO 14001, de: <https://tienda.aenor.com/norma-une-en-iso-14001-2015-n0055418>.

Página web de AENOR en la que se presenta y desarrolla dicha norma.